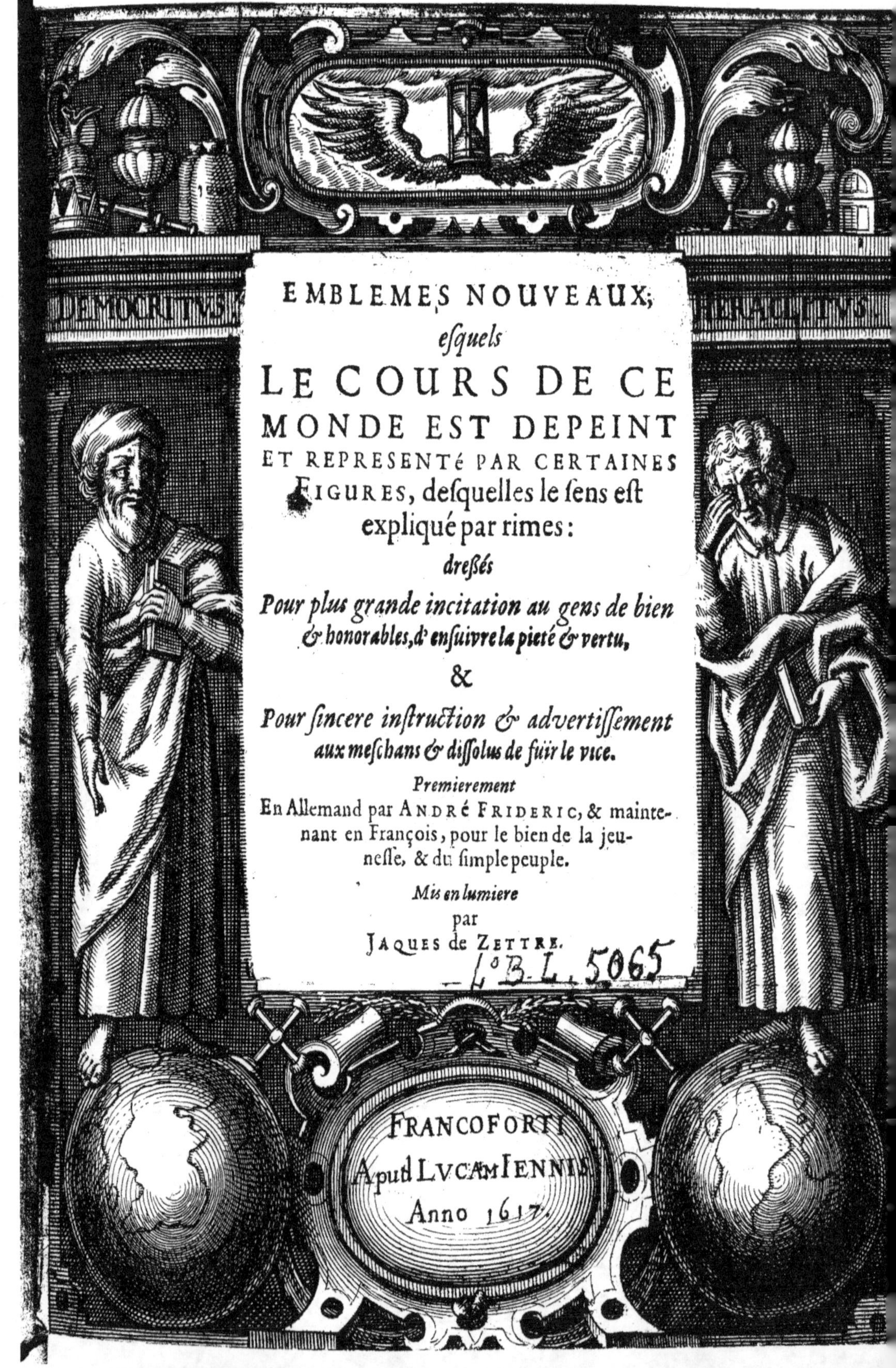

DEMOCRITVS
HERACLITVS
EMBLEMES NOUVEAUX;
esquels
LE COURS DE CE
MONDE EST DEPEINT
ET REPRESENTÉ PAR CERTAINES
FIGURES, desquelles le sens est
expliqué par rimes :
dreßés
Pour plus grande incitation au gens de bien
& honorables, d'ensuivre la pieté & vertu,
&
Pour sincere instruction & advertissement
aux meschans & dissolus de fuir le vice.
Premierement
En Allemand par ANDRÉ FRIDERIC, & mainte-
nant en François, pour le bien de la jeu-
nesse, & du simple peuple.
Mis en lumiere
par
JAQUES DE ZETTRE.
FRANCOFORTI
Apud LVCAM IENNIS
Anno 1617.

# A Messieurs

## *JAQVES, & JEAN de BARI*

*propres freres, Marchants, mes treshonorés &*
*favorables Oncles, salut.*

ESSIEURS & tres-honorés Oncles.
Comme nul de nous n'eſt nay pour
ſoy meſme ſeulement, ains que la patrie requiert une bonne partie de noſtre vie, les parens ont droict à une autre non moindre, joint que le tout de noſtre vie ſe
doibt rapporter à la gloire de Dieu, qui l'a donnée, &
qui la conſerve tant qu'il lui plaiſt; J'eſtime que l'Au-
theur de ce livret, ſe ſouvenant de ces choſes, n'a pas
mal colloqué les heures qu'il y a employées, & partant
auſſi, que les deſpens que j'ay fait pour l'impreſſion
d'icelui en Allemand & graveure des figures, ne ſont
perdus. Ce qui m'a pouſsé encore plus outre, en ſorte
que voyant qu'il a eſté bien receu en ſa langue, je l'ay
fait veſtir d'une autre robbe, que je me perſuade ne
lui eſtre mal ſeante, & ne doute point qu'il ne puiſſe
atteindre ſon but, qui eſt de repreſenter aux ſimples &
moins doctes, tant le mal que le bien; ceſtui-ci, pour
l'enſuivre, & ceſtui-là pour le fuïr.

A 2      Or

Or ceste louäble couſtume eſtant, dés long temps, que ceux qui mettent en lumiere des livres, les dedient à l'honeur de leurs bienfaicteurs & amis, pour leur faire paroiſtre l'affection qu'ils ont de, ou recognoiſtre les biens-faits qu'ils en ont receus, ou de les honorer ſelon leur devoir, ſur tout s'ils ſont leurs parens en ligne aſcendante, qui ſont comprins ſous le nom de pere & mere: recognoiſſant que vous eſtes mes Oncles, leſquels à bon droit, je doy honorer, J'ay pris la hardieſſe de vous conſacrer & preſenter ceſtui-ci en toute reverence, m'aſſeurant que comme je vous l'offre en ſincerité de mon cœur, auſſi vous le recevrés benignement & avec tel viſage qu'aves accouſtumé de me monſtrer, comme treshumblement je vous en prie, & me recommandant tres affectueuſement à vos bonnes graces, je ſupplie le Pere de miſericorde qu'il lui plaiſe vous faire proſperer de plus en plus, vous accompagnant de ſes benedictions divines en toutes vos entrepriſes, afin que les puiſſiés amener à telle fin, que le Nom de l'Eternel en ſoit glorifié, & que vous en ayés un entier contentement en vos corps & en vos ames, leſquels je recommande au Seigneur Tout-puiſſant d'auſſi bon cœur, que je demeure,

Meſſieurs & treshonorés Oncles,

Voſtre humble & ſerviable nepveu

de Franckfort ce 6. de Septemb,
l'an 1617.

JAQUES DE ZETTRE.
Pre-

# Preface de l'Autheur au Lecteur.

AMi Lecteur, Le grand & excellent Jurisconsulte Ulpian parlant des pensées de nostre cœur dit ainsi; Personne n'est puni à cause de ses pensées, ou bien selon qu'on le prononce en nostre language Allemand; Les pensées ne doivent point de peage. Or ces axiomes ont lieu és jugemens de ce monde tant seulement, esquels personne ne reçoit ni louänge ni punition pour l'amour de ses pensées, soyent elles bonnes ou mauvaises; Mais devant le siege judicial de la saincte Trinité il en va bien autrement, voire du tout au contraire; Car, comme la saincte Escriture tesmoigne abondamment, les mauvaises pensées, sur tout celles qui sont accompagnées d'opiniastreté, & ausquelles la personne ne resiste point, ains y prend plaisir, ne meritent pas moindre punition devant Dieu, qui seul sonde les cœurs, que les paroles ou les œuvres.

Or combien qu'en ceste grande foiblesse & perversité du cœur de l'homme, qui est à tout mal enclin, il soit impossible de n'avoir aucune mauvaise pensée, & estre pur à la façon des Anges, tout ainsi qu'on ne peut empescher les oiseaux de voler par dessus nostre teste : Tant y a, que comme les oiseaux ne se peuvent

A 3     nicher

nicher fur noftre tefte contre noftre gré, auffi peut on, moyennant l'aide de Dieu, autant refifter aux pensées mauvaifes, qu'on ne les mettra point en effect, fi on ne veut: felon l'admonition proverbiale, qui porte; que de mauvaifes pensées il ne faut pas faire des arrefts, ou conclufions.

Or d'autant que la maudite oifiveté eft fouvent la caufe des mauvaifes pensées, & qu'à bon droit on dit, que fuïr les occafions de pecher, c'eft fuïr les pechés mefmes: Il eft convenable d'employer le temps, auquel on n'a rien à faire, auffi bien que celui auquel on eft chargé d'affaires, en forte qu'on en puiffe rendre bon conte: felon que Caton a fort bien dit; Oportet non minus otii, quàm negotii rationem extare: c. Il ne faut pas moins pouvoir rendre raifon du loifir, que des occupations, & affaires qu'on a. Car autrement, il ne peut fortir que mal d'une oifiveté inutile, felon le proverbe difant, que De l'oifiveté viennent les vices. &, En ne faifant rien, on apprend à mal faire. &c.

Pour donc remedier à ce mal, tant d'un cofté que de l'autre, & le deftourner autant que faire fe peut, j'ay pour mon regard dreffé ces Emblemes, & declaré le fens caché & intelligence d'iceux par rimes y adjouftées. Et ay pris le fubject de ces meditations pour la plus part de l'eftat & cours du monde, loüé la vertu & ce qui eft bon, & exhorté à l'enfuivre; & reprins le vice, & fidelement diffuädé d'icelui. Au demeurant j'ay une entiere confiance, que ce mien labeur procedant de bonne affection, ne defplaira à aucun qui a l'honeur en recommandation.

Je

Je ne me suis proposé de blasmer ou outrager personne en particulier, lors mesme que j'ay usé de plus grande vehemence, ains
j'ay traicté le tout en general. Je n'ignore pas que d'autres excel-
lents & doctes personnages, tant ecclesiastiques que seculiers ont
par ci-devant mis en lumiere des Emblemes en latin avec un
singulier artifice, attendu qu'ils sont encore en estre : Mais d'autant qu'un chascun ne les entend pas, n'ayant la cognoissance
de la langue;   J'ay bien voulu faire un essay pour ce fait
en nostre language Allemand, esperant que ce ne sera sans fruict.
Que si ce mien labeur desplaist à quelqu'un, il demeure en la liberté d'un tel, de mettre en lumiere quelque chose de meilleur, s'il
le sçait faire, je lui congratuleray volontiers & de bon cœur. Je
n'ay cerché en tout ceci en façon quelconque ma gloire, mais par
un Zele Chrestien, seulement le profit de mon prochain qui est
Chrestien avec moy, & devant toutes choses l'honeur du Dieu
tout-puissant. A icelui qui est sainct, fidele & misericordieux je
recommande le lecteur benin & favorable, comme aussi toute
personne, lui souhaitant un pieux & Chrestien amendement de
sa vie, & felicité temporelle & eternelle.

Corrigés

## Corrigés les fautes advenues en l'impreſſion, comme s'enſuit.

Pag. 15. ℣. 1. *liſes* ſimple. *p.* 25. ℣. 8. & 9. *au commencement* De, *qui eſt au* 8. *doibt eſtre au* 9. & En, *qui eſt au* 9. *en ſa place. p.* 27. ℣. 14. *l.* t'allie *p.* 29 ℣. 19 & 20. *l* pauvreté, affetté. *la* 18. *fig.* & *ſes vers tant deſſus que deſſous, eſt en la place de la* 10 & *au reciproque. p* 104. ℣. 1. *l.* pas *p.* 107. ℣ 21 *l.* taſtonnant. *p.* 121 ℣. 5. *l.* de ce monde. *p.* 125. ℣. 2. *l.* s'enfuit ℣. 4. *l* la Mort. *p.* 128. ℣. 2. *l.* eu la chevesche *p.* 135. ℣. 13. *l.* deſſus. *p.* 141. ℣. 13. *l.* qu'aux. ℣. 18. Et *p.* 143. ℣. 14. *l.* ſçauroit on *p* 155 ℣ 9 *l* le fort.

# AU LECTEUR,

## Quadrain

ONc poſſible ne fut d'à chaſcun ſatisfaire,
A l'un plaiſt le nouveau, à l'autre plaiſt le vieux:
Il n'eſt pas defendu à toy de faire mieux,
Zoïle, ains de blaſmer, ſi tu ne le ſçais faire.

<br>

A          Dieu

Dieu à creé le monde, & il a tant de testes.

DU grand Dieu Eternel tous sommes creatures;
 Testes estranges a au monde toutesfois:
 Accommode toy donc au monde à ceste fois,
Seul tu ne peus fleschir tant diverses natures.

*Declara-*

*Declaration de la I. Figure.*

Dieu nous a tous creés fort merveilleusement,
Et Christ a rachetés tous les siens puissamment :
Le sainct Esprit aussi avec grande efficace
Les Chrestiens sanctifie, & remplit toute place.
Heureux celui qui tout ce cognoit sainement
Considerant en soy tant son commencement,
Que son milieu, sa fin. Heureux celui qui ouvre
La porte de son cœur, & qui tout le descouvre
Devant Dieu l'honorant. Regarde nostre Espoux,
La vraye espouse à lui vueilles mener tout doux.
Ici j'enten l'a seule Eglise Christiane,
Et non pas des meschans le grand troupeau prophane.
De testes il y a au monde à grand'foison,
Et là un chascun veut ensuivre sa raison.
Ne pensant à sa fin, ni à son origine,
Ne cognoit son prochain, ni l'essence divine.
Et le jour la journeé à l'advanture vit,
Qu'il est Seigneur de vie en son cœur pense & dit.
Il est certain qu'à bien ne viendra cest affaire,
Dieu punira tous ceux qui ne lui veulent plaire :
La derniere heure vient, icelle retarder
Nul ne peut, pense y bien, sage, pour te garder
Que tu ne sois surpris tout à la despourveuë
Sur les loix de ton Dieu jette tousjours la veuë.

A 2        Pou

Pour maintenir le monde, il y a trois Estats.

Trois Estats sõt dreßés, l'un Nourrit, l'autre Enseigne,
Le troisieme Maintient ceux qui sont oppreßés.
Nul d'eux dire ne peut; J'ay en moy seul assés:
Cil qui fait son devoir, aura l'eternel regne.

Declara-

*Declaration de la* I I. *Figure.*

L'ordonnance de Dieu on peut en ce cognoistre,
Qu'au monde trois Estats il a fait comparoistre;
Sans lesquels l'Univers ne pourroit subsister:
Ains seroit ruiné sans pouvoir resister.
C'est pour cela que Dieu ici tout bien ordonne,
Afin que tout chascun à son debvoir s'addonne.
Heureux celui qui tient la voye du Seigneur,
Et sa vocation va suivant de bon cœur,
Cil qui tousjours employe à ce fidele peine
D'avoir devant son Dieu la conscience saine,
Subsister devant lui, lors que rendre faudra
Le conte de tous faits & dits, lequel vaudra:
Car Dieu contemple tout, à quoy que tu t'addonnes,
Par ton acte meschant sentence tu te donnes.
Si doncques devant Dieu absout estre tu veux,
Ton train & ton estat bien considerer peux.
Gouverne tout ton train par de Dieu les paroles,
Ainsi tu monteras par dessus les deux poles.


A 3          L'argent

## L'Argent ard la gent.

L E ſiecle d'or au monde eſt venu à ceſte heure,
   L' Or & l' Honeſteté, quand ils ſont balancés,
   L' Or emporte le poids: Donnans ſont avancés,
Pour argent tout eſtat de tout faire labeure.

*Declara-*

*Declaration de la* I I I. *Figure.*

LE monde d'à present sur argent se repose,
Et les biens temporels font qu'eslever il s'ose,
La joye terrienne est son accoustrement.
Pour ceste vie on met l'eternelle hardiment:
Difficulté ne fait la plus grande partie
De mettre sur son chef la cappe de sotie.
Le maheureux argent fait la bible tomber,
L'amour, la loyauté & la foy entomber.
Par terre sont le sceptre & l'espeé: le Diable,
Ayant vaincu, se rit du monde miserable,
De ce qu'il a les gens à son vueil faire induit,
Et les Spirituels mesmes aussi seduit.
Les biens & les presens font que peu de gens pensent
A fuïr les pechés, la plus part les avancent,
Il y a ja long temps que plus garde on n'y prend:
Aussi les cœurs des grands l'avarice surprend,
Leur foy & leur amour ils mettent en arriere
Sans honte. C'est à toy, ô Dieu, que ma priere
J'addresse, Voy cela: Car le Diable est si fin,
Qu'il seduit les Chrestiens sans mesure & sans fin.

Ce

Ce sont des vices grands qui ont la vogue au Monde.

IL ne faut s'estonner s'il va si mal au Monde;
   Car pour le temps present quasi toute Vertu
   A prins fin : En sa place est le vice tortu.
Considere ta fin, que Mort ne te confonde.

*Declara-*

*Declaration de la* IV. *Figure.*

DU Monde la clarté Dieu soustient Voyant-tout,
Autrement il seroit tenebreux jusqu'au bout.
La force malheureuse avec sa violence,
A fait que cruauté est venuë à outrance,
C'est l'honeur de ce monde & le desir d'argent
A quoy est maintenant addonnée la gent.
Puis aussi se fait veoir l'orgueil & superbie,
Et le plaisir charnel, avec son infamie.
Le Monde est appuyé sur l'inique Mammon,
Quiconque en a le plus est en plus grand renom:
Il est mis au dessous de l'arbre transitoire,
Son temps employe mal, selon qu'il est notoire.
La Justice & la Foy liées sont souvent,
Sur tout lors que l'argent bien tinte & marche avant.
On se tient fort & ferme à l'honeur qui s'envole,
Tant le glaive-portant, que celui qui immole.
Combien que nul d'iceux son heure ne cognoit,
Et que de fine Mort attrapés on les voit;
Voire eux qui par finesse & par gloire mondaine
Pensoyent vaincre Satan, sans avoir fort grand peine.
Ceux qui devroyent à Dieu servir sans fiction,
Vont par leur propre coulpe à leur perdition.
Approche toy de Christ en vraye repentance,
Ainsi la mort sur toy n'aura point de puissance.

B                    L' Al-

L'alme vertu se void maintenant prisonniere.

QUi veut estre pieux n'est en aucune estime,
On louë la vertu, mais c'est sans l'excercer,
Plustost on la verra en prison oppresser;
Par ce moyen s'esmeut l'ire du Dieu sublime.

*Declara-*

### Declaration de la V. Figure.

O douce Charité avec tes beaux enfans, (quans
　Quand de chaines vos mains,& vos cols de car-
Environnés on void,pres de grande richeſſe,
De laquelle on pourroit aider à grand largeſſe
Maint homme creignant Dieu,ayant neceſſité:
On peut bien dire alors en pure verité,
Que c'eſt tout pour neant que de toy on ſe vante:
Car maint qui a gráds biẽs, neant moins ſe tourmẽte,
Et ſouffre pauvreté lui meſme volontiers,
Tant qu'il meure,& ſes biens laiſſe à ſes heritiers.
Le reſte des vertus on void empriſonneés,
Chaſcun ſes volontés enſuit deſordonnées;
Meſmement les anciens n'y veulent adviſer,
Les jeunes ne s'en font que rire,& meſpriſer
Les Vertus:Dont il faut que Dieu y remedie
Par famine,& par peſte,& autre maladie;
Comme desja on void en maint & maint endroit,
Que le mal commencé de plus en plus s'accroit.
O Seigneur donne nous par ta faveur & grace,
Que des vertus puiſſions ſuivre la vraye trace.

En Christ tant seulement se trouve le soulas.

Comme les voyagers lassés cerchent l'ombrage,
Pour un peu reposer couvers contre l'ardeur
Du chaud Soleil; Ainsi du fidele le cœur
Sous la croix d'un seul Christ peut reprendre courage.

Declara-

*Declaration de la VI. Figure.*

L'Ombre du vray arbre est le seul Seigneur Jesus,
Cest arbre au loing estend ses branches par dessus
Tout le monde: Il soustient le tout par sa puissance.
Quiconque va cerchant sous lui en confiance
A son ame repos, en quelque temps & lieu
Que ce soit; il l'aura en lui comme en son Dieu.
O trois & quatre fois heureux cil qui souspire
D'un cœur non feint à lui, & tousjours s'y retire,
Pour son ame cerchant sous lui un tel repos,
Lequel il trouvera, & tout gay & dispos
Pourra prendre sur soy la robbe nuptiale,
De laquelle vestu entrera en la sale
Du grand Roy de ce Tout, & là assistera
Au nopces de son fils, où bien-venu sera.
Nous ne sçaurions trouver, c'est chose veritable,
Ce precieux habit, des pechés en l'estable.
Parquoy despeche toy, vien avec grand desir
Vers l'arbre du Seigneur, en lui pren ton plaisir:
Icelui meurira les bons fruits de ton ame,
Et fera qu'à jamais ton ame ne se pasme.

 Aggreable

## Aggreable eſt à Dieu vraye ſimplicité.

SI du monde es moqué, Chreſtien, qu'il ne t'en chaille,
  Li de Dieu la parole & la medite bien,
    Lors tu pourras ſans crainte aſſeurer le pas tien :
Sinon, tu ne feras jamais choſe qui vaille.

Declara-

*Declaration de la* VII. *Figure.*

L'Afne laborieux eft une fimple befte
A laquelle on ne fait en ce monde grand fefte;
Tant y a neant moins, que Jefus le Seigneur
Ne l'a point dedaigné, & n'a cerché l'honneur
Du monde: Car tout ce que le monde n'eftime
Dieu couftumierement le met en lieu fublime.
Il abbat les hautains, & les humbles en haut
Efleve; ainfi en Dieu le fimple ne defaut:
Les fages il furprend, en toute leur fageffe,
Redreffe les courbés, les aide en leur deftreffe.
Quiconque en tout affaire ici va tousjours droit,
Se tenant au Seigneur ferme, à tous fes dits croit,
Ne fe deftourne point à dextre n'à feneftre,
Auffi n'eft farreftant à la joye terreftre,
Mais imite l'Afnon, qui le droit chemin tient,
Selon que le Seigneur le guide, va & vient:
Tel en fa fimple foy, reveftu de juftice
De Jefus fon Sauveur, trouvera Dieu propice,
Lequel le recevra au royaume des cieux,
Où tous te loueront, ô Dieu, à qui mieux mieux.

Telle

Telle est de vraye foy la constante nature.

C Omme on ne void tarir une vive fontaine,
    Ains verse aux animaux richement sa liqueur;
    En œuvres de clemence ainsi des bons le cœur
S'exerce, & plaist à Dieu en conscience saine.

*Declara-*

*Declaration de la* V I I I. *Figure.*

TOut ainſi qu'une ſource en haut ſon eau jettante
Eſt à tous animaux une rente excellente,
Dont il n'y a aucun qui s'en puiſſe paſſer,
Que ſi on n'en a point, il en faut pourchaſſer :
Comme auſſi de tant plus qu'on puize en la fontaine
Tant plus elle rend d'eau, & à l'inſtant eſt pleine,
On void pareillement & ſa courſe & ſon flux
Avec ſon bruit bruyant croiſtre de plus en plus.
   Ainſi d'un cœur ardant la foy qui eſt non feinte
S'eſleve contremont ayant de Dieu la crainte :
Et d'autant plus qu'elle eſt rafreſchie en ce lieu,
Tant mieux elle retient ſon Seigneur & ſon Dieu,
Et ne le laiſſe aller en aucune maniere,
Juſques à ce qu'elle ait obtenu ſa priere.
Par le moyen de foy & de dilection
On parvient au Seigneur, & à fruition
De tout ce qu'on ſouhaite : Ainſi la vraye ſource
Qui l'ame rafraiſchit eſt atteinte en ſa courſe.


            C            Ainſi

Ainsi la Charité vraye se represente.

ES quarrieres on void couper la pierre dure,
    D'icelle toute sorte on fait de bastiment,
        Pierre à pierre joignant par crampons & ciment :
Ainsi de Charité est la ferme nature.

Declara-

*Declaration de la* I X. *Figure.*

L'Ancienne couſtume eſt de joindre pierre à pierre
Pour baſtir des maiſons, & les pierres on ſerre
Enſemble de crampons avec plom inſerés,
Voire qui veut avoir baſtimens aſſeurés
Encontre tous les heurts & force violente,
Depeur qu'elle ne les abbate ou face fente.
   Pareillement unie & conjoincte eſt la Foy
A Charité ardante, où il n'y a dequoy
Se plaindre aucunement de male-tromperie.
De force eſt Patience en la Croix bien cherie,
Pour autant que la Foy ne peut eſtre ſans Croix;
L'ardante Charité de tourmens ni d'abbois
Ne ſe ſoucie point: Ici la Patience
Surmonte tout: Et Dieu lui fait veoir ſa clemence.
En la tentation ſe void le baſtiment
Qui a eſté poſé ſur un tel fondement,
A l'encontre duquel violence ne force
On ne peut inventer, combien qu'on s'y efforce:
Ce baſtiment ne peut ſe fendre, tant il tient;
De Prudence d'Eſprit ſeule tout cela vient.

C 2    L'Eſpe:

L' Esperance Chrestienne oncques ne confondra.

HElas! combien de maux il faut qu' un Chrestien souffre
En passant l' Ocean du monde furieux:
Ton espoir en la voix du Seigneur, curieux
Sois d' ancrer, si ne veux estre englouti du gouffre.

Declara-

### Declaration de la X. Figure.

REgarde de jetter ton ancre en un tel lieu,
Où c'est que son cours a la parole de Dieu:
En charité de foy celui ferme demeure,
Au cœur duquel la foy se descouvre bien meure.
Quelque vague en la mer qui lui vienne au devant,
Quelque bruit que ce soit, ou tourbillon de vent,
Rien nuire ne lui peut, ni rompre sa nasselle,
Pour autant qu'en son cœur le Seigneur sa foy seelle.
Tu pourras aisément passer parmi la croix,
Si ferme tu te tiens à Dieu & à sa voix.
Tu passeras les maux du monde en telle sorte,
Qu'en fin tu parviendras des cieux jusqu' à la porte:
Car Foy & Charité de telle vertu sont,
Que du Diable pervers aucun conte ne font.
Or mets tant seulement le caduque en arriere,
Et sui de Jesus Christ ton redempteur l'orniere.
Par la force d'Esprit & son soulagement
A sa voix de ton cœur fiche l'ancre hardiment:
Par ainsi le salut auras pour ton partage,
Le royaume des cieux est ton meilleur gaignage.

## Il faut que par la croix le cœur soit esprouvé.

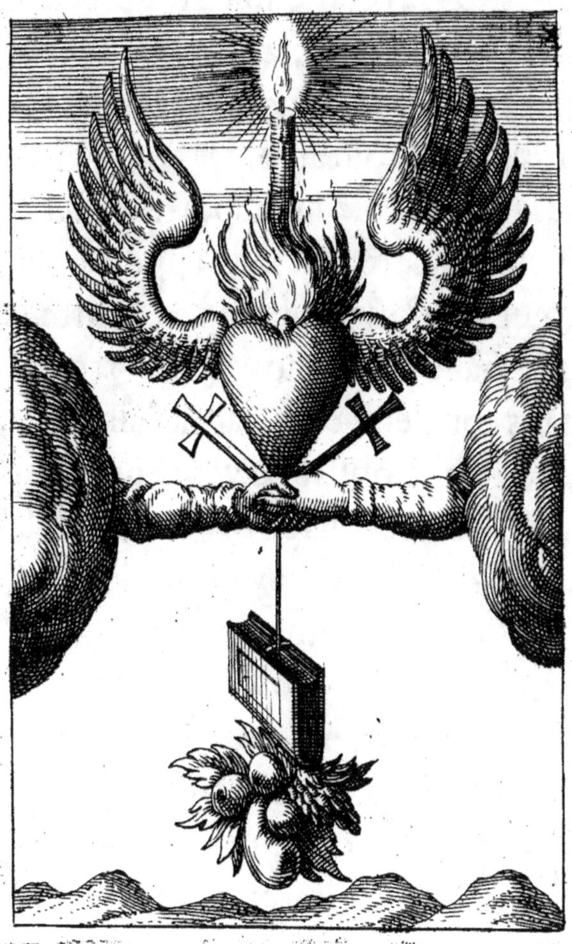

D Ieu conduit ses enfans d'une façon estrange,
    Rouge est l'une des croix, l'autre a noire couleur,
    Douleur suit le plaisir, & le plaisir d'ouleur:
La parole de Dieu luit, & jamais ne change.

                                              Declara-

*Declaration de la XI. Figure.*

LA Charité vraye est chose tres-precieuse,
Tentation ne craint, tant elle est courageuse.
En Dieu & sa parole elle met son espoir,
En charité le cœur tout ardant se fait veoir.
Bien que la noire croix lui apporte tristesse,
La rouge en peu de temps lui r'apporte liesse.
Un tel cœur tousjours vole en foy contre les cieux,
Et regarde haut & bas à son Dieu gracieux.
Tu l'as sans contredit en sa parole saincte,
Son lieu ceste-ci monstre en verité non faincte.
Que si nous demeurons en foy tout simplement,
Aux paroles de Christ croyans entierement,
Nostre propre raison amenans prisonniere
Par la force de Foy à la voix de lumiere,
Une telle Foy croit la parole de Dieu,
Qui ne croit point à Dieu, entre Chrestiens n'a lieu,
Et ne peut contempler la lumiere vivante,
La parole le juge aussi, quoy qu'il se vante.
An contraire celui qui aime de bon cœur
Les paroles de Christ, demeurera vaincueur,
En aimant son prochain sans fraude ni malice,
Il recevra de Dieu l'eternel benefice.

L'Arc

L'Arc trop tendu se rompt, ou pour le moins la corde.

DE jouër sur le luth, & plusieurs livres lire,
    Il ne faut point douter que ce ne soit plaisir :
    Mais de tendre trop fort les nerfs n'aye desir,
Ni de fausse lunette; il ne te peut que nuire.

Declara-

*Declaration de la* X I I.*Figure.*

LEs vers qui sont chantés sur le luth sont plaisans,
Et font passer le temps souvent aux courtisans.
Il est vray que beaucoup de temps le jouëur passe,
Le plaisir qu'on y prend la joye ne dechasse :
Mais si quelqu'un trop fort du Luth la corde tend,
Elle se rompt, & lors le tendeur se repent.
Ainsi semblablement cil qui fait violence,
De acquiert puis apres à son dam cognoissance.
En la saincte Escriture ainsi il en advient,
A grand joye d'esprit de Dieu elle nous vient,
Sa voix le cœur, la moële, & l'ame reconforte
Contre tous les assauts de tentation forte.
Quiconque à Dieu ne veut croire, ni à sa voix,
Ains son opinion ensuit à chasque fois,
Et icelle pretend inserer en la Bible,
Et non pas ceste-ci en sa teste inflexible.
Cerchant en des mots clairs plusieurs subtilités,
Pour en avoir le sens à ses cupidités,
Item qui ne veut point avoir droictes lunettes,
N'ayant souci du temps, ni des paroles nettes,
Ni du but du parlant, suivant simplicité.
(Soit qu'il le croye, on non) en touté verité,
Pour avoir rejetté par sa raison charnelle
Le vray sens, souffrira une peine eternelle.

D Pren

Pren bien garde à tes pas de peur que tu ne tombes.

EN quelque lieu qu'on aille, on trouve de la faute;
L'argent fait non-voyans plusieurs qui sont voyans:
Pren garde à tes brebis qui paissent par les champs:
Car tu es en danger que le loup ne les t'oste.

*Declara-*

*Declaration de la* XIII. *Figure.*

TOut hóme qui au loing de ses clairs yeux regarde,
Et à l'entour de soy aveugle ne prend garde,
Void en païs d'autruy beaucoup d'infirmité,
Sans mettre sa lunette & voir la cruauté,
Qu'exercent les cruels loups en sa bergerie:
Un tel est pour certain digne de moquerie.
Cil qui en faict d'autruy veut estre si veillant,
Et quant à ses brebis est tousjours sommeillant,
Les laissant par erreur, ou par doctrine fausse,
En danger de leur corps, & de cheoir en la fosse
De l'Enfer tenebreux: Un tel en s'erigeant
Sur colomne qui n'a fondement que d'argent;
On ne sçauroit assés exprimer sa folie:
Remarque bien un tel, & de luine t'a lie.
Le vray berger ne peut souffrir que son troupeau
Endure froid ou faim, ou bien disette d'eau,
Ains en droicte saison le mene au pasturage,
Le maintient & defend encontre de la rage
Des loups desgaste-parcs: de peur qu'on n'ait dequoy
Lui dire à juste cause; Aide premier à toy,
Tu feras puis apres aux autres assistance
A l'encontre du loup qui leurs brebis offence.

Dedans un verre estroit grand bruit le tavan meine.

L E tavan estant pris dans la phiole, murmure:
    *Ainsi l'esprit d'erreur tient en secret ses tours;*
    *Tant y a qu'en lumiere ils viendront quelques jours,*
*Et sa punition il faudra qu'il endure.*

*Declara-*

## *Declaration de la* X I V. *Figure.*

QUand le tavan fascheux se trouve dans un verre,
Il y fait retentir son murmurant tonnerre,
Au plus fort de l'Esté, & principalement
De nuict, par son sourd bruit s'esveille maint dormát,
Le tavan volontiers place estroite n'endure :
Ainsi un heretique & sa doctrine impure
Se fait ouïr bien tost, quand il se void surpris
Par la saincte Escriture, il tord les mots escrits.
Il faut que son essaim avec le bruit qu'il mene,
En oste le vray sens par sa glose vilaine.
Il faut entierement que l'explication,
Qu'en son cerveau a mis sa folle passion,
Soit toute la meilleure, & mesme ose bien dire
Que c'est le fondement où ne faut contredire.
L'Heretique & tavan jamais n'apportent bien
Ils enveniment tout sans en espargner rien.
Le tavan par poison met la fin à sa vie,
L'Heretique meschant dessert qu'on le chastie.
Mais n'est ce pas ici une grand' pauvrete,
Que maint qui pense voir clair, & estre affette,
En tel aveuglement est, que comme heretiques
Il blasme du Seigneur les plus saincts domestiques.

D 3    Tel

### Tel est l'arbre de vice avec ses fruits tant beaux.

QUel est l'arbre à ses fruicts on cognoist d'ordinaire,
Le bon porte bon fruict, & le mauvais mauvais,
Les vices sont conjoints, & par tout trop espais :
Si tu n'es asseuré du faict, vueille t'en taire.

Declara-

*Declaration de la X V. Figure.*

IAmais aucun bon fruict ne print son origine
D'arbre qui ait esté de mauvaise racine.
Aussi tost que l'on sent quelque subtilité,
On voudroit maistriser mesme la Deité.
Le malheureux Satan au monde orgueil apporte,
Et de tout son pouvoir au bien ferme la porte.
Nul ne sçait lire bien, sinon l'homme envieux,
Estimant qu'insensés ont esté tous les vieux.
L'enflée ambition est en haut eslevée,
Pour l'amour des presens, coustume depravée !
A tout cela survient la curiosité,
De tout escrit changer aurons commodité.
Et s'il y a aucun lequel nostre finesse
Descouvre; Par argent nous ferons qu'il nous laisse.
L'Avarice souvent maint homme fait passer
Si avant, qu'il s'employe à verité chasser.
Ce sont là les beaux fruicts que ce bel arbre porte.
Mais encor il en croit un de mauvaise sorte,
Tout au plus haut de l'arbre, & principalement
Il y doit estre afin que le tout librement
Se face : avec l'espée un chascun je menace,
Avec gibet, & roüe, ou bien avec disgrace :
Qui ne veut obeïr à mes commandemens,
Je lui feray souffrir & angoisse & tourmens.

Escoute

Escoute en tout affaire aussi l'autre partie.

L E *Diable est un Esprit plein de toute malice,*
 *Et sur tout il assaut par ses ruses ceux-là,*
 *Qui sages pensent estre en ceci & cela.*
*Soigneux pren garde à toy & à son artifice.*

*Declara-*

## Declaration de la X V I. Figure.

DE quereller n'y a ni reigle ni mesure,
Puis qu'un chascū pretēd de son fait la droicture.
Souvent on void assés que c'est par mesentend,
Voire (grāde honte c'est) maint son fait point n'entēd;
Et neant-moins souvent se rapporte à justice,
A la saincte Escriture, & ce avec prejudice :
Mais ce pendant il ouvre un œil tant seulement,
Pour ne voir rien sinon avantageusement
Ce qu'il desire fort : Toy contemple le texte
Tout entier, ne cerchant ici aucun pretexte,
Si tu veux estre sage & au fait entendu
De la saincte Escriture, à quoy as pretendu,
Qu'est il besoin de ce qu'a escrit Aristote?
Car il estoit payen commettant mainte faute.
Or la doctrine humaine est confite en abus,
Et celui qui n'est qu'homme, errer peut tant & plus.
Puis le malin Esprit voudroit bien tout confondre;
Garde toy donc de lui, de peur qu'il ne t'enfondre
En l'enfer tenebreux; En finesse est discret,
Il se monstre estre ami, mais il trompe en secret.
Fay ce que Dieu te dit : Et si l'ennemi ose
T'inciter à peché, tien lui l'oreille close.
Or l'Eternel te dit, que Christ est le chemin,
La verité, la vie, & il te tend la main :
En lui donc seulement croy, ses mandemens garde,
Ainsi viendras à Dieu qui est ta sauvegarde.　　E　　Le

Le monde eſt gouverné d'une eſtrange façon.

E N ce monde il y a des gens de toute ſorte,
   L'un veut tout eſpargner, & l'autre tout deſpend:
   Celui qui fait du bien jamais ne s'en repent,
Mais celui qui fait mal ſon droiĉt ſalaire emporte.

Declara-

*Declaration de la* X V I I. *Figure.*

ILy a moult de gens travaillans en ce monde,
Le plus d'iceux ne plaiſt à Dieu, quand il les ſonde:
Car le nombre plus grand au Diable eſt addonné,
Et tout ſelon ſageſſe humaine a ordonné.
L'un s'exerce au travail, l'autre ne fait que boire,
Et le pecheur meſchant ne veut point à Dieu croire.
Le troiſieme baſtit, le quatrieme desfait,
Un chaſcun eſtre veut le maiſtre par effect.
Ceux-là ſont clair ſemés qui pour le feu eſtaindre
Se mettent en devoir, lors qu'il eſt à contraindre,
Mais quand le feu eſt grand & que desja tout ard,
On le veut eſtouffer, mais on y vient trop tard.
On ne prend point d'eſgard à la racine verte,
Qui fleurit, refleurit encor bien que couverte.
O Seigneur Eternel, vueilles y regarder,
Vien, vray Dieu, viſiter, voire ſans plus tarder.
Charité & ſes fruicts, & la Foy eſt eſteinte,
Vien bien toſt & réçoy de tes ſaincts la complainte.
Le ſalaire à chaſcun donne en ton jugement,
Aux fideles & bons, ſelon ton jurement,
Vueilles communiquer la couronne de gloire,
Et aux meſchans l'enfer, puis qu'ils ne veulent croire.

## En haut se va guindant Justice venerable.

ENtre tous les oiseaux qui l'air flottant traversent,
L'Aigle seul est qui peut dans le rond regarder
De Titan chaleureux : Ceux qui veulent garder
Saincte justice, ainsi en ce monde s'exercent.

*Declara-*

*Declaration de la* X V I I I. *Figure.*

TOut le monde eſt rempli de toute mauvaiſtié,
   Garde t'en, autrement tu ſeras chaſtié,
Aye ſoing de n'errer ſur tout en ta croyance,
Mais comme le ſerpent, uſe toy de prudence.
Aux dits de l'Eternel croy en ſimplicité
La colombe imitant fuy la ſubtilité;
Laiſſe les tous entiers ſans adjouſter n'en prendre,
Car telle fauſſeté l'ire de Dieu engendre.        *(Deut. 4.12.)*
Auſſi à ton pochain porte amour de bon cœur,
En lui communiquant de tes biens ſans rancœur,
Comme à l'ame & au corps il lui eſt profitable;
Repren le en ſes desfauts ainſi qu'eſt convenable,
Avec douceur d'eſprit à bien l'ameneras,
Et ainſi aiſément obeïr le feras.
O que tu es heureux avec ton cœur fidele,
Dieu recompenſera une pieté telle :
Tu recevras au ciel ſalaire richement,
La couronne de gloire auras pour ornement,
Pource qu'as manié ton eſpée en droicture;
La gloire t'appartient laquelle tousjours dure.

E 3    La

L'Amour & loyauté sont tousjours par ensemble.

L A où l'Esprit de Dieu la religion plante,
    Le cœur incontinent sincere se fait voir,
    Et à ses deux costés tousjours il veut avoir
Foy & Dilection : Telle race est plaisante.

Declara-

*Declaration de la* X I X. *Figure.*

Vn grãd cœur, & conjoinct avec un grand courage,
  Qui combat pour avoir l'eternel heritage,
Ayant à ses costés la Charité, la Foy,
Et tousjours regardant devant & apres soy.
Il a beaucoup de cœurs dans sa circonference,
  Qui lui sont tous loyaux en bonne concordance,
Et qui tous enflammés sont de dilection
Par sagesse de Dieu, & par direction
De l'Esprit d'icelui : Je mets cest axiome,
  Qu'heureuse est la cité telle, heureux tel royaume;
Entrer là ne pourra nulle calamité,
Pour autant que l'amour & la fidelité
Fermement ont voulu logis en tel lieu prendre,
Et d'un cœur les souhaits devant Dieu font espandre.
Tels cœurs plaisent aussi à la Divinité,
Elle tousjours les aide en leur necessité;
Car la vraye priere outrepasse la nue,
Et vient jusques à Christ lequel rien ne renue.

En

La vie des humains doit estre ainsi reglee.

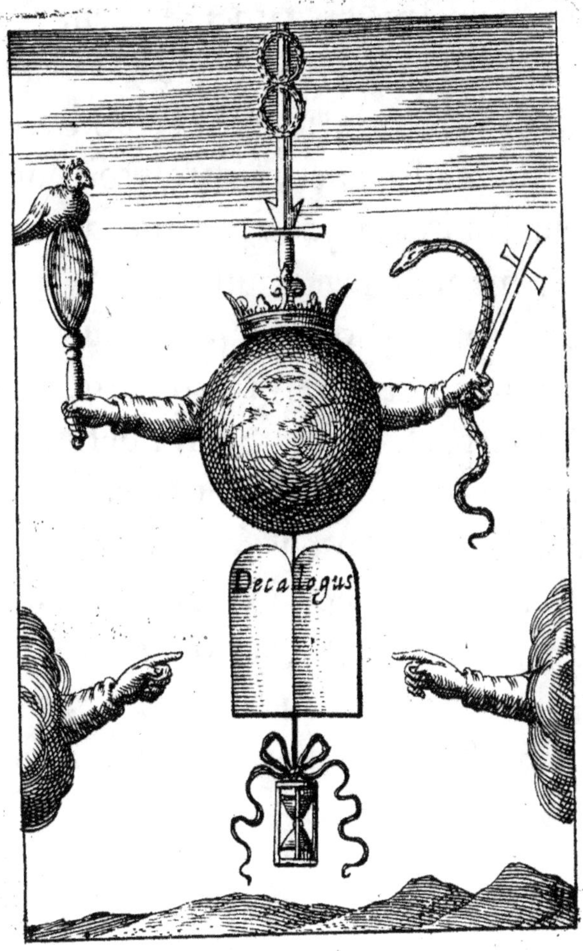


Homme mortel crain Dieu en suivant sa loy saincte;
　Porte amour au prochain, ne lui fais aucun mal,
　En ta religion sois prudent & feal:
Dieu parfera le reste, onques n'en sois en crainte.

Declara-

*Declaration de la XX. Figure.*

IL n'y a point d'oiſeau qui en vol ſoit pareil
A l'Aigle, lequel peut regarder le ſoleil,
Il s'eſleve haut en l'air vers la ſplendeur bruſlante
De Phœbus flamboyant, lequel ne l'eſpouvante,
Encor bien qu'il luiroit deux ou trois fois plus fort,
Si ne lui peut il nuire aux yeux par ſon effort.
Ainſi pareillement s'eſleve la juſtice,
Et penetre par tout en honneur ſans malice,
Ne ſeſpouvante point pour force ni clarté,
Ains de ſes yeux par tout regarde en liberté :
Sur verité demeure avec ferme courage,
Et pluſtoſt laiſſeroit corps, vie & heritage :
Elle cognoiſt treſbien que Dieu aime le droit,
Et tous les gens de bien auſſi en tout endroit :
On la verra un jour en vie au ciel montée,
Aux meſchans eſt la mort eternelle appreſtée.

 Sou-

Souventesfois on void la justice enchainee.

L E chien estant lié abbayant se herisse,
     En sorte que de loin souvent on oit sa voix,
     Tant y a qu'il demeure attaché à son bois :
Ainsi il en advient souvent à la justice.

Declara-

*Declaration de la* XXI. *Figure.*

IAçoit que retenu soit le chien par la chaine,
Si se fait il ouïr souvent en mainte plaine :
Et combien qu'on ne peut le veoir à chasque fois,
Il se descouvre bien neantmoins quelque fois :
Il en prend tout ainsi de la Justice saincte,
On ne la void souvent en republique mainte,
Si oit on bien ses cris & son gemissement,
Et pour certain au jour viendra finalement,
Lors elle reluira par la vertu divine :
Mais bien tost le meschant s'en ira en ruine,
Honte & ignominie ayant pour portion,
Afin qu'au vray Dieu soit faicte confession.
Car comme le Soleil en son lict ne demeure,
Aussi Dieu aide aux siens quand il en est droite heure.
Ainsi le cœur fidele est remis en vigueur,
Lequel au paravant estoit en grand langueur.

## Le piquant Herisson ressemble au droict severe.

T Out ainsi que le chien fort se blesse en la chasse
    De l'herisson piquant, quand il le veut haper:
    Pareillement celui ne pourra eschaper,
Lequel contre le droict ose tourner sa face.

Declara-

### *Declaration de la* XXII. *Figure.*

L'Heriſſon eſt armé d'aiguillons bien piquans,
En ſorte que les chiens qui le ſont attaquans,
Cerchans de lui oſter & le corps & la vie,
Ne font rien qu'abbayer & monſtrer leur envie :
Car il les pique fort en la gueule & par tout,
Où ils le viennent joindre, & ſi en vient à bout,
Tellement qu'il les fait reculer en arriere,
Abbayans contre lui. Tout en ceſte maniere,
Maint ſuperbe penſant eſtre fort bien adroit
S'eſleve par trop haut à l'encontre du droict.
Mais rien ſinon bleſſeure en ſa gueule il n'emporte,
A ſes biens, corps, honneur ainſi dommage apporte.
Parquoy, ſi tu es ſage, il te convient garder,
Ton ſalaire autrement recevras ſans tarder.
Qui aime verité, & fidele l'exerce,
Tel avec ſon prochain en ſaincte paix converſe,
Il aime l'equité tousjours & la rondeur,
Là haut és cieux l'attend la couronne d'honneur.

Ceci est bien certain que tout trop ne vaut rien.

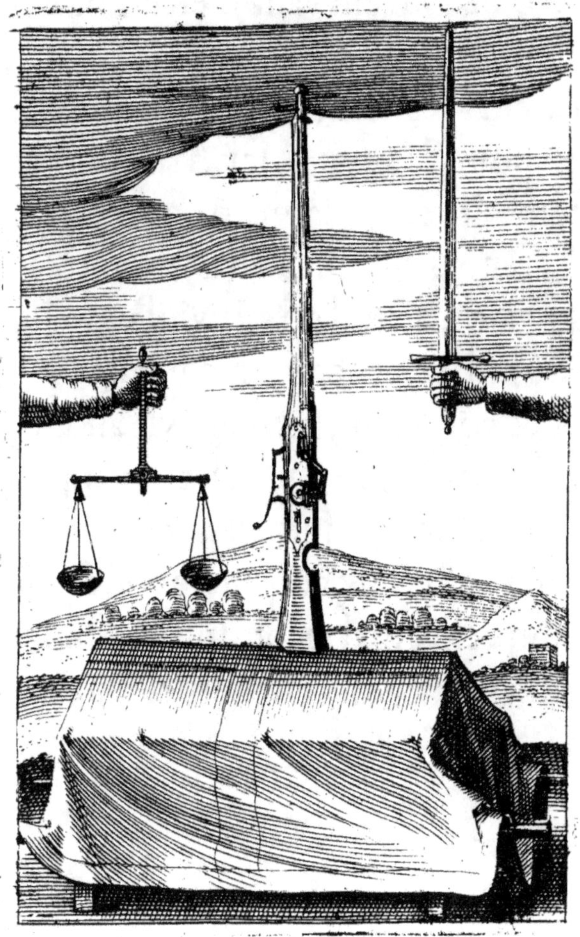

Quiconque son mousquet chargeant ne tient mesure,
Lui mesme est aisément le premier abbatu;
Pareillement se void par sa coulpe batu
Cil qui tord & corrompt la justice & droicture.

*Declara-*

*Declaration de la* X X I I I. *Figure.*

L’Arquebuſe ſouvent vaut bien un bon ami,
Elle defend ſon maiſtre encontre l’ennemi:
Que ſi en la chargeant tu tiens juſte meſure,
Mieux t’en pourras ſervir: Mais ſi tu n’en as cure,
Ains par temerité tu la charges trop fort,
Tu ſeras le premier qu’elle mettra à mort.
Il en advient ainſi quand on fait violence
A la droicte juſtice, & par outrecuidance
On la tord & corrompt, pour l’envie aſſouïr;
Quiconque fait cela, n’en peut long temps jouïr,
Il recevra en fin ſon tres-juſte ſalaire,
Eſtant puni en l’ame & corps comme fauſſaire.
Car quiconque fait mal reçoit ſon chaſtiment;
Mais grace avec les bons eſt eternellement.


                                        Tel

Tel eſt le naturel de tout homme mondain.

On cerche honneurs, & force, & argent en ce monde,
On s'addonne à orgueil & à preſomption,
Venus eſt de pluſieurs la delectation;
Par ainſi le cœur tombe en l'abyſme profonde.

Declara-

### Declaration de la XXIV. Figure.

AU monde se fait veoir l'affection humaine,
Qui à ces quatre buts l'homme conduit & meine,
Il veut premierement de l'honeur temporel,
Afin qu'il ait en main le glaive corporel,
Puis il s'en va cercher avec grand diligence
Le sac rempli d'argent par droict ou par meschance;
Et quant & quant s'ensuit l'orgueil & la fierté;
Puis le plaisir charnel en toute liberté.
C'est ce que bien souvent d'aller à Dieu empesche,
Le petit doigt devroit touscher Dieu, mais revesche
Il est tiré du cœur dedans le monde bas,
Où la gloire & l'argent sont tousjours son pourchas.
C'est en ce qu'aujourd'huy le monde fort s'amuse.
Et le Diable malin tous les mondains abuse,
Tellement que souvent maint homme de grand cœur
Aisément en oubli met Dieu son createur.
O dommage infini! ô chose deplorable!
Que n'y pensés Chrestiens, comme il est convenable?
Pourquoy aimés vous mieux le monde & vanité,
Que le salut qui dure à perpetuité?
Quiconque met la main aux filés de malice,
Et fin il tombera en mauvais precipice.

G    Je

Je represente ainsi le devoir des Juristes.

SI tu dois decider une cause pesante,
    Vueilles la bien peser, afin que justement
    En puisses puis apres prononcer jugement,
Ainsi tu obtiendras couronne permanente.

Declara-

*Declaration de la* X X V. *Figure.*

SI tu veux estre dit un droicturier Juriste,
Et de fait vray Chrestien, & non pas Atheiste,
Tourne tes yeux ouverts tout à l'entour de toy;
Le temps de maintenant le requiert fort, croy moy :
Ne vueilles descoher par passion ta fleche,
Car quiconque le fait contre l'Eternel peche.
Or toy, homme de bien, jamais ne le feras,
Ains tout premierement le fait bien cognoistras :
Vise l'œil sans faillir de ta sagette atteindre,
Et de percer le cœur qui est faux, sans rien craindre :
Monstre lui de ta main aussi fidelement,
En quoy il a failli & a fait follement :
Lors en humilité auras louänge bonne,
Sur ton chef porteras de gloire la couronne,

G 2     Chose

Chose plaisante à Dieu c'est de tousjours bien faire.

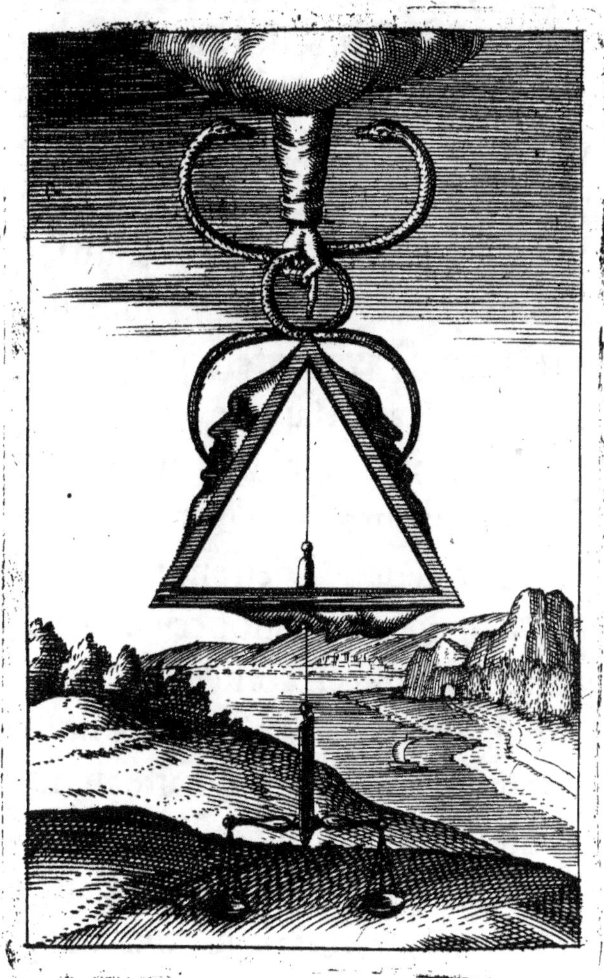

AInsi l'homme de bien son art & sa science
Employe, & à chascun il fait tousjours le droit
Sãs haine & sans faveur: qu'ainsi Dieu le veut, croid,
Auquel il veut servir en bonne conscience.

*Declara-*

## Declaration de la XXVI. Figure.

LA figure à trois coings de tous costés descouvre,
Car trois visages a, & de tous trois elle ouvre
Les yeux diligemment : Et de plomb le niveau
En droicte ligne pend : Et le trebuchet beau
En juste poids dessous. Si sans nulle malice,
Ainsi que le serpent, la prudence & justice
On conjoinct, Dieu le veut, sans nulle invention,
Le sage à cela pense avec attention,
Et le fait, Dieu aidant à saincte diligence,
Il pese au paravant le tout avec prudence,
Et n'est point estourdi, Ne fait rien par faveur,
Mais pour l'honeur de Dieu employe sa valeur :
Puis apres à chascun il prononce en droicture
Le jugement de tout en conscience pure.
Ne prend aucuns presens, estime le plus beau,
N'abuser de sa force, ains tout faire au niveau.
Or puis que l'Eternel tout ce bien tost contemple,
Il le pese au poids juste, & rend un salaire ample,
Avec mesme monoye il paye argent contant,
Et si ainsi as fait, tu en verras autant.

G 3 Ceci

## Ceci est le miroir des Chrestiennes Vertus.

C ES deux belles *vertus d'honeur sont couronnees,*
*L'une est Integrité, & l'autre Verité,*
*Entr'elles il y a beaucoup de pieté;*
*Elles sont toutesfois aujourd'huy contemnees.*

*Declara-*

*Declaration de la* X X V I I. *Figure.*

EN tout temps & saison sans aucune malice
Sois discret, en usant de la clef de justice;
Aime de cœur entier la loyauté & foy,
Et en toute vertu tousjours exerce toy.
Jette bien vistement de toy tout mal arriere,
La loy sur le meschant darde en ceste maniere;
A celle fin qu'estant saisi de saincte peur,
Du vice desormais il repurge son cœur.
De l'homme quoy que grand jamais ne t'espouvante;
Mais attain le du droict de ta flesche volante.
Demeure en ferme foy & vraye charité,
Et ne te fie point (car c'est temerité)
Au meschant & larron, quoy que semblant il face
D'estre loyal; fuy le, car ce n'est que fallace:
Pense plustost tousjours à ces deux chefs tant beaux,
Qu'ils luisent devant toy ainsi que des flambeaux:
L'un d'iceux *Verité*, & l'autre represente
La ronde *Integrité*, aux preud-hommes decente:
Couronnées d'honeur elles sont à bon droit,
Car saincte loyauté chascun y aperçoit.
Or courageusement à tout honeur t'addonne,
Et tu seras orné de semblable couronne.

Pren

Pren les armes au poing & defen la patrie.

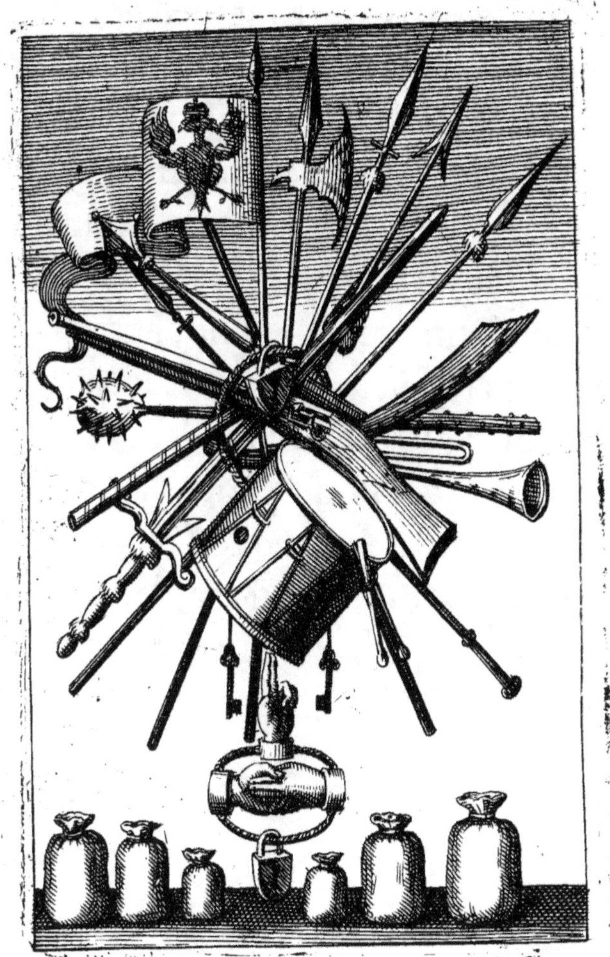

D Ieu au commencement crea l'homme sans armes,
Il advient toutesfois qu'en sa vocation
Maint s'en sert justement contre l'oppression :
S'il en faut là venir, fay le sans jetter l'armes.

Declara-

*Declaration de la* X V I I I. *Figure.*

IL est bon de lier toutes armes ensemble,
Et de garder la paix, qui tout bien nous assemble :
Neantmoins s'il advient qu'on ne puisse autrement,
Que de se revenger, lors courageusement
Porte toy, & defen hardiment la patrie,
Et lui sois en honneur par vaillante industrie :
Ne vueilles plus tenir les armes en prison,
De peur que l'ennemi ne vienne en ta maison,
Et que t'ayant reduit à dure servitude,
Il n'exerce sur toy sa tyrannie rude.
Ne permets point aussi, que pour l'amour d'argent,
L'ennemi desloyal devienne ton regent;
Mais souvien toy tousjours de garder la foy saincte,
Chemine en ton estat rondement & sans crainte.

H          Ceux

Ceux qui menent les droits sont souvent bien estranges.

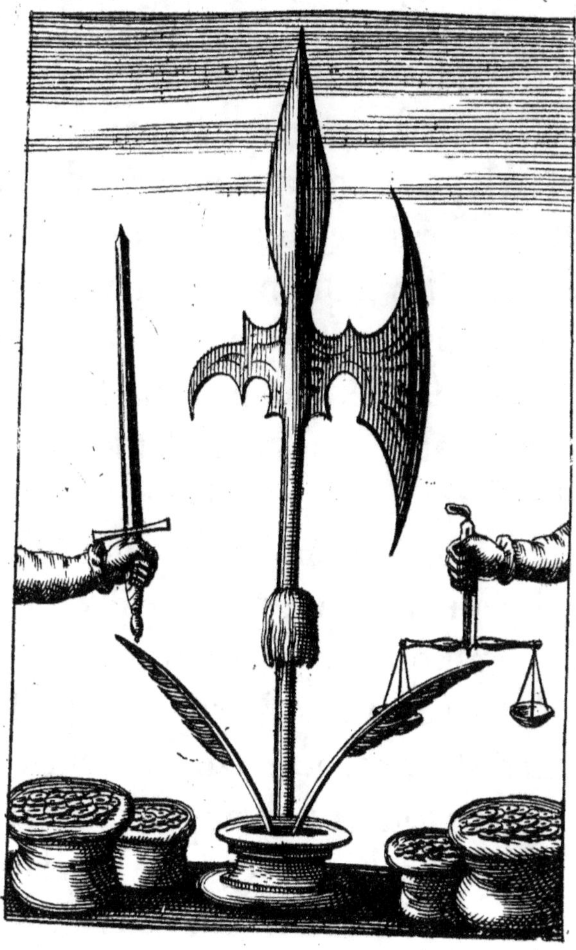

L A plume du plaideur trempee en l'escritoire
    Se trouve bien souvent corrompante le droit,
Elle frappe de taille & d'estoc si à droit,
Que le blanc soit le noir, & le noir blanc, fait croire.

*Declara-*

*Declaration de la* XXIX. *Figure.*

Vn estrange baston c'est que d'une halebarde,
  Et d'un tel ennnemi te peus bien donner garde,
Elle frappe de taille & d'estoc puissamment,
Elle pousse & retire à soy cruellement:
Les mauvais advocats ont la mesme coustume,
Ils seduisent plusieurs gens de bien par leur plume:
Tantost ils vous diront que bon droit vous avés,
Si n'emplissés leur bourse, ils diront vous devés.
Ils mettront bien souvent pour des presens leur ame
Et danger eminent de l'infernale flame.
Tantost ils sont amis, & tantost ennemis,
Le droict aussi avant, qu'argent le pousse, est mis.
Ils servent de leur plume en maniere diverse,
Aussi bien à l'ami, qu'à la partie adverse.
Ils tordent le bon droit, les meschans imposteurs,
Et sont pour de l'argent de Satan serviteurs.
Bon droit le plus souvent ils oppressent & couvrent,
Tant que beaucoup de jours en la fin le descouvrent:
Lors la meschanceté se void tout clairement,
Au dommage du corps, puis aussi au tourment
De l'ame: Tant y a qu'enfin le droict demeure,
L'Eternel le mauvais punit; c'est chose seure.

La providence en tout est tousjours necessaire.

POse un bon fondement quoy que tu entreprennes,
Aye à tes deux costés le serpent, le miroir;
De l'orloge tourner ne mets à nonchaloir :
Le coq prend garde au temps, encor que tu mesprennes.

Declara-

*Declaration de la* X X X. *Figure.*

LE coq empennaché les saisons nous denonce,
A se lever matin les paresseux semonce :
Il ne se laisse point saisir de grand sommeil,
Est tousjours pourvoyant sans avoir son pareil.
Par son coquelicoq il le donne à entendre,
Apres avoir frappé trois fois son costé tendre,
Avant que de chanter sa gaillarde chanson.
L'homme qui est discret ensuit ceste façon;
Il considere bien & le temps & l'affaire,
Tousjours est diligent, & jamais temeraire;
Il ne babille point sans prudence & sçavoir,
En son faire & parler s'addonne à son devoir.

H 3  Le

## Le Droit va droit.

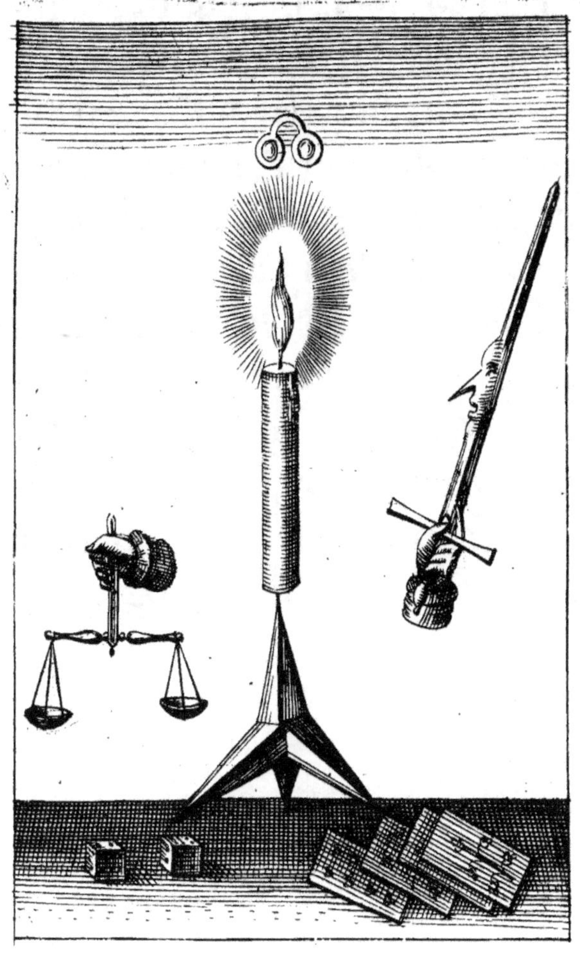

E Ntre plusieurs engins bonne est la chausse-trape,
   Tant y a neantmoins qu'elle endommage ceux,
   Qui de passer dessus sont si audacieux :
Ne foule point le droict depeur qu'il ne t'atrape.

Declara-

### *Declaration de la* XXXI. *Figure.*

IEtte la chauffe-trappe ainſi que tu pourras,
Une pointe tousjours contre-mont tu verras :
Et qui ne cognoiſt point ſa conſtante nature,
Elle lui fait ſouvent ſouffrir angoiſſe dure.
De la vraye juſtice il en prend tout ainſi,
Soit qu'on la jette au loing, ou tienne pres auſſi,
Qu'on ſe jouë avec elle en la meſme maniere,
Qu'avec cartes & dés, qu'on pouſſe avant, arriere,
On lui torde le nés tout ainſi comme on veut,
On uſe de chandelle & lunettes s'on peut;
Le glaive contre-mont tient ſa pointe piquante,
De ſon vol garde toy & ta teſte arrogante.

Con-

Constante Patience en fin surmonte tout.

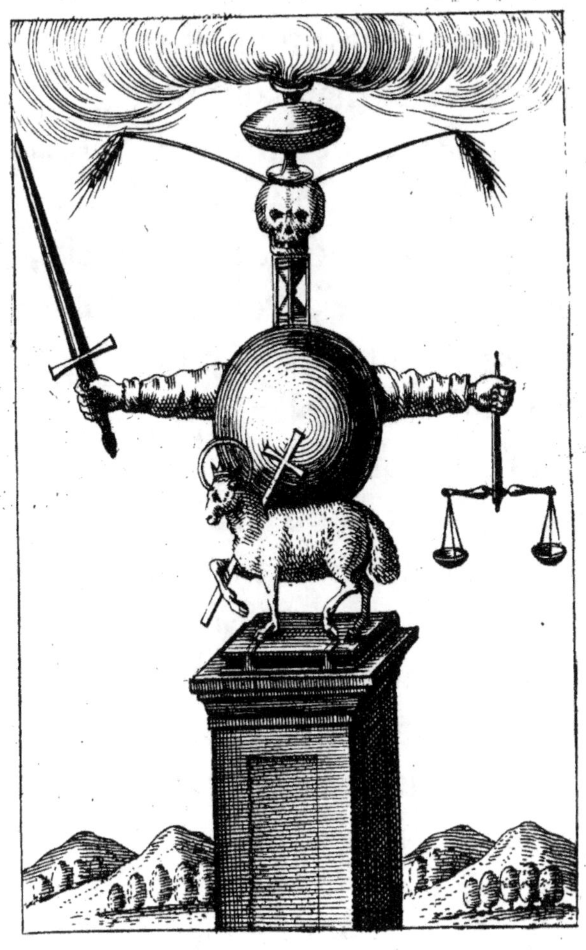

DEs dits de l'Eternel on apprend Patience,
    Elle ne prend à cœur du monde la faveur,
    Ni la haine : Il se passe avecques sa splendeur :
La Mort vient, & met fin à toute outrecuidance.

*Declara-*

*Declaration de la* XXXII. *Figure.*

LA saincte Patience est une vertu belle,
Dont à bon droit son chef porte couronne telle:
Ferme sur la parole est en simplicité,
En cela gist sa force & magnanimité:
Et combien que le monde immonde fort la presse,
Et que sous violence elle souvent s'abbaisse;
Si porte elle sa croix tousjours patiemment,
Croid qu'elle a merité cela tresjustement,
Qu'en brief temps passera ceste croix qu'elle porte;
Car sa fin, son trespas est desja à la porte.
Du monde la fierté qui se fait tant ouïr,
Comme vapeur bien tost on void s'esvanouïr;
Et comme un chalumeau aisément se peut rompre,
Ainsi les arrogans viennent à se corrompre:
C'est pour un peu de temps, il n'en faut avoir soin,
Quant & quant ils seront fauchés comme le foin.
Ils cederont avec leur droit desraisonnable,
Dautant qu'ils sont meschans & serviteurs du Diable.
Patience au contraire en la faveur de Dieu
A consolation de la croix au milieu,
Puis apres tout cela elle finit sa vie
En joye, n'ayant plus du monde aucune envie.

<table><tr><td>I</td><td>Faire</td></tr></table>

Faire sedition ce n'est pas grand science.

L E Chathuant mausade est fuyant la lumiere,
   De nuit jette ses cris espouvantablement,
   A maint fait belle peur : Ainsi semblablement
Font les seditieux sortans de leur tasniere.

Declara

*Declaration de la* XXXIII. *Figure.*

LA chanson du Hibou n'est pas guere plaisante,
Par laquelle de nuict maint il en espouvante,
Le bruit est que ses cris & leur son vehement
Guerre & sedition denotent proprement :
Ainsi maint garnement aujourd'huy ne demande,
Qu'a chanter la chanson de l'apostate bande,
Par haine & par rancune, par dit, & par escrit
Il esmeut bien souvent ce que cœurs enaigrit,
Et maint homme de bien à mal faire il incite,
Au corps, honeur & biens grand malheur lui suscite.
Las! qu'à maint ennuyeuse est alors la saison,
Qui souffre en son esprit angoisse en sa maison !
Mais en fin toutesfois se remet la balance,
L'honeur & verité apportent abondance,
L'alme justice fait revivre gens de bien,
Au Diable le Hibou, car son cri ne vaut rien.


                                    I  2          Heureux

Heureux celui qui fait le devoir de sa charge.

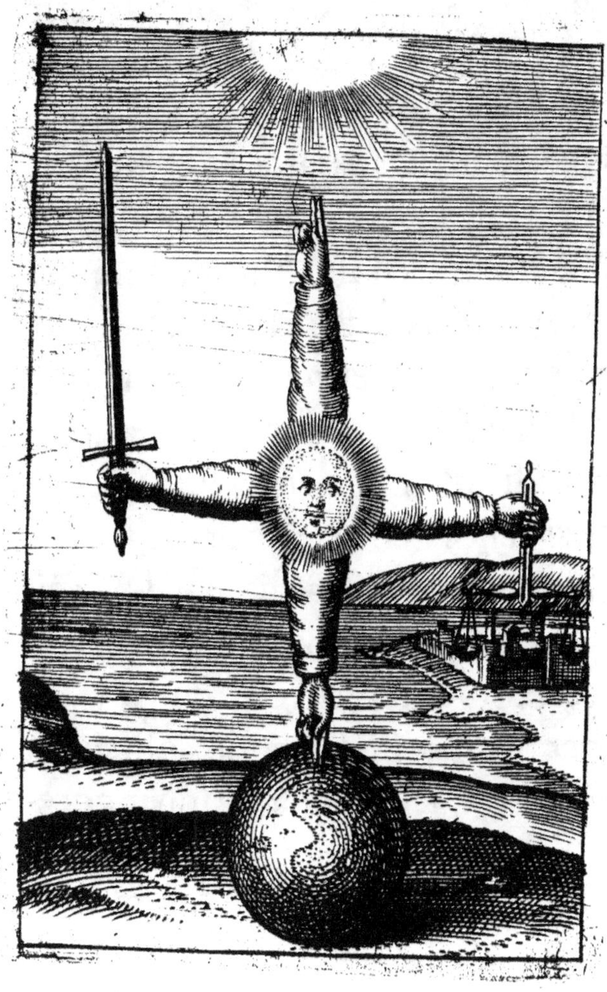

S Er Dieu, & le prochain; car ainsi Dieu l'ordonne;
   Pour ce faire tousjours aye juste & bon poids,
   Manie aussi le glaive en observant les loix,
Ainsi que le Soleil n'a egard à personne.

Declara-

*Declaration de la* X X X I V. *Figure.*

C'Est au Dieu Eternel qu'il faut faire serment,
Qu'en ce monde le droict maintiendras saincte-
Et que te serviras d'armes, poids & mesure,         (ment,
Pour tous egalement sans faire à nul injure :
Car c'est ainsi que luit le Soleil d'equité,
Bongré, maugré qu'en ait l'Esprit d'iniquité.
Quant à moy je feray à chascun assistance
De fait, & de conseil, Dieu me donnant constance.
Tout bon Juriconsulte en son affaire est tel,
Il sçait qu'ainsi faisant il sert à l'Immortel,
Lequel le lui rendra en l'eternelle vie,
Cela est tres-certain, qu'hardiment il s'y fie :
Et encor qu'en ce lieu ne soit aimé de tous,
Si a il en ceci contentement tres-doux,
Qu'en cheminant ainsi sa bonne conscience
Bon tesmoignage à Dieu rend de son innocence.

A sa fin viendra tout ce qui est transitoire.

LE Soleil en son cours vers l'Occident traverse,
La fin du monde vient, le gyrouët l'argent
   Suit aussi volontiers, tel bateau tel regent;
La Justice & la Foy s'en vont à la renverse.

Declara-

*Declaration de la* X X X V. *Figure.*

POur certain ceci eſt un cas fort deplorable,
Que l'argent & l'honeur du monde miſerable
Maiſtres ſe ſont rendus, & gouvernent la Foy,
Encore davantage, ils fleſchiſſent la Loy :
On ne regarde plus à Verité ſincere.
Comme la gyrouëte à tout vent obtempere;
Ainſi ces deux vertus s'exercent à preſent,
Et vous en trouverés un à peine entre cent,
Qui en face autrement : Qui en argent abonde,
Et en honeurs, fidele eſt & juſte en ce monde,
Qui tousjouis va flottant ſur l'ondoyante mer,
Juſqu'à tant que les vents le viennent abyſmer,
Par ainſi mettent fin à toute l'injuſtice,
Il adviendra bien toſt, evident eſt l'indice,
Car le peché vilain s'augmente cependant,
Que le flambeau des cieux panche vers l'Occident.

Ne

Ne vois tu pas comment l'Orgueil tousjours tout gaste?

L'Orgueil a maintenant emporté la victoire,
   Car il a corrompu tant l'un que l'autre estat:
   Tant y a que mourront le Prestre & le Soldat:
Dieu a l'affliction des pauvres en memoire.

*Declara-*

### Declaration de la X X X V I. Figure.

LAs! laquelle pauvreté au monde plein de vice,
Où l'Eglise se void ensemble & la police
Infectée d'orgueil & de presomption,
Le pauvre souffre aussi tousjours extorsion;
Et où tout au plus haut la force seculiere
A main droicte est assise en gloire singuliere,
Ayant des saincts Escrits l'authorité en main,
Et de sagesse humaine y versé le venin :
Puis de l'autre costé sont mis les gens d'Eglise,
Qui cerchent les honeurs & le gain à leur guisé !
O Seigneur vueille ayder à tel païs & lieu,
Où il en va ainsi, ô ayde Seigneur Dieu !

Ainsi à l'Eternel les gens de bien souspirent,
La punition vient sur tous ceux qui conspirent
A l'encontre de lui : Et en la fin la mort
Met à repos celui à qui on a fait tort.
Mais ceux qui ont foulé les pauvres en ce monde,
Sont envoyés tout droit en l'abysme profonde.

Au chariot d' Orgueil veut tirer tout le monde.

D'estre orgueilleux & fier, se tenir en estime,
   Chascun s' en veut mesler, tant les jeunes que vieux,
   Chascũ pense aujourd' huy que sõ advis vaut mieux;
Dont il ensuit sa teste, & autruy desestime.

                                        Declara-

*Declaration de la* X X X V I I. *Figure.*

LE malheureux Orgueil est au plus haut monté,
La plus part des humains sous son joug a donté,
Et le paon maintenant espand sa queuë brave,
Voulant par là monstrer son excellence grave:
Que s'il y a quelqu'un qui ne s'estime point,
A un tel pour cela personne ne se joint.
En ceci toutesfois est la meilleure chose,
Que l'orgueilleux long temps en haut lieu ne repose,
Mais se voit bien souvent precipité en bas,
Se trouvant tout honteux lors qu'il n'y pensoit pas.
Partant les orgueilleux & les fols joints ensemble
Tirent à qui mieux mieux ce chariot qui tremble,
Un chascun s'y employe avec fort grand desir,
Mesme le villageois à pousser prend plaisir;
Ainsi à un chascun plaist sa façon de faire,
Partant est le païs de fols plein d'ordinaire:
Et comme le commun proverbe aujourd'huy dit;
Un chascun suit son ventre. Et puis sans contredit,
Sa folle opinion est toujours la meilleure,
Jaçoit que bien souvent petit gain en demeure.

 Le

Le Conseil est content ainsi que le Roy veut.

Vous avés tous deux droict & vostre cause est bonne,
Comme donc l'estimés faites faire au sergent,
Vous en avés puissance, & nous aurons l'argent,
Et l'honeur; bien que l'Ange un autre advis nous donne.

Declara-

*Declaration de la* X X X V I I I. *Figure.*

EN ce throne est assis un Roy tres-magnifique,
Il est puissant & sage, aussi fort juridique,
Les causes en sa main par cinq debouts il tient,
Et le Conseil discret à ses deux costés vient :
Vous y verrés assis un estrifveur Juriste,
Lequel a tous les droits (sur lesquels il insiste)
En son livre compris, du tout n'y manque rien.
Tout aupres de lui est son compagnon ancien,
Grand personnage à qui trop petite est la teste,
Par trop sçavoir ne sçait si lui en est la beste ;
Il trouve en son cerveau de nature le droit,
Qui proprement le porte, & si fermement croid,
Que renverser cela ne pourra tout le monde.
En fin se fait ouïr la grand cloche qui gronde :
Voici venir un Prestre, ou Evesque, ou Prelat,
Qui tient graves propos, & jette son esclat,
Soit qu'on l'aye fait tel, ou qu'il soit creu lui mesme,
Si ail rapporté l'Escriture à son theme.
Ainsi est gouverné le monde avec danger.
De l'ame ; jusqu'à tant que ce vienne changer
L'Ange, leur annonçant du livre d'Esaïe,
Que tous aveugles sont, & remplis de folie.
Au Seigneur appartient le conseil & l'effect ;
Prenés donc garde à vous & à tout vostre fait.

K 3　　Les

Les flatteurs aujourd' huy sont les plus estimés.

D Oucement, doucement, discret & galant homme;
    Car autrement le Roy ne te pourra souffrir,
    Flatte hardiment les grands, si ne veux encourir
Leur disgrace; & sortir avec les bons en somme.

Declara

### *Declaration de la* XXXIX. *Figure.*

POur certain il y a encor des bons Seigneurs,
  Qui souvét volontiers seroyét bons gouverneurs;
N'estoit que des flatteurs de bonté l'apparence
Les gaigne par finesse, & par leur tolerance.
Mainte chose exquise est des flatteurs en avant
Mise; Et eux puis apres autrement font souvent.
C'est en ce temps ici que flatteurs hypocrites
Sont à l'entour des Rois faisant les chate-mites :
Mais s'il y a quelqu'un qui aille rondement,
On ne l'estime rien, & honeurs rarement,
Non plus qu'autres faveurs, il recoit; Davantage
Il est haï de tous: c'est tout son avantage,
Qu'avec honte & vergoigne il s'en ira dehors.
Le Roy David en eust eu des bien grands remors,
Car il ne souffroit point en sa maison royale
Quiconque s'addonnoit à chose desloyale.
O Dieu plein de bonté, donne à tes serviteurs
Rois, Princes & Seigneurs de chasser les flatteurs :
Aux Seigneurs & subjets sont chose pestifere,
Mais maint homme de bien porte la folle-enchere.
On devient sage en fin, mais c'est souvent trop tard,
Parquoy qu'un chascun aye à ce proverbe egard,
Qui dit, qu'*Heureux celui qui pour devenir sage*
*Du mal que souffre autruy fait son apprentissage.*

D'ava-

D'avares Gouverneurs telle est la tyrannie.

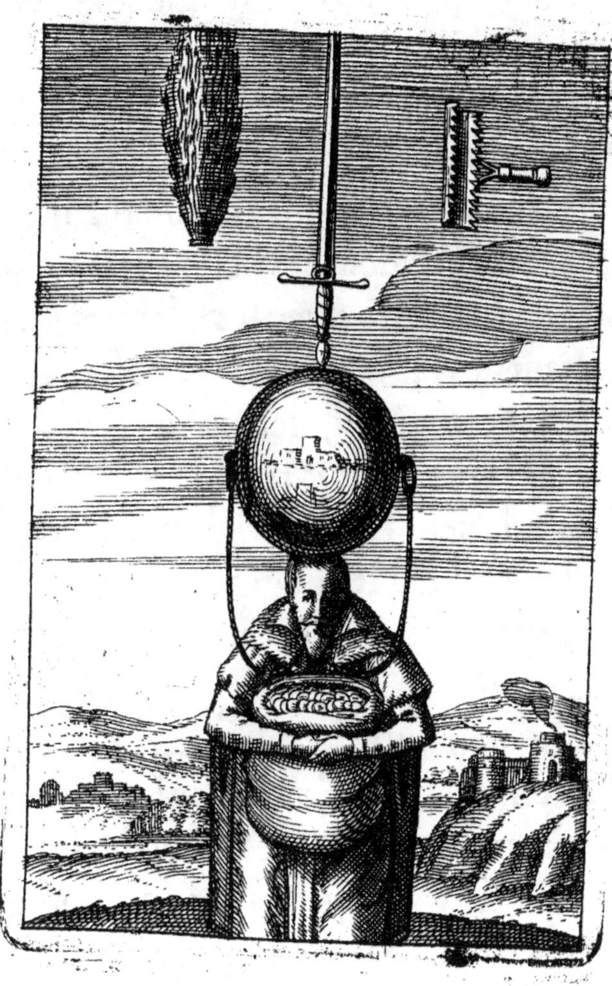

L Es mouches qui ont faim sont les plus fort piquantes,
    Encor plus fort le sont disetteux Gouverneurs,
        Qui foulent les subjets & trompent les Seigneurs,
Espees, verges ont, & estrilles mordantes.

*Declara-*

*Declaration de la* X L. *Figure.*

DU monde le tres-grand malheur est deplorable,
Quant le Gouverneur est d'argent insatiable,
En usant de l'espée, & comme un publiquain,
Cerche en tout & par tout son particulier gain.
Il ne pense jamais qu'à avoir bourse pleine,
Et de pendre le monde à une belle chaine,
Qui soit du plus fin or. Avec son glaive il prend
Ce qu'il peut des subjets, & jamais ne leur rend.
Puis par sa flatterie au Seigneur les yeux bande,
Lequel ne peut pas veoir sa tromperie grande.
Vueilles, o Seigneur Dieu, ces larrons demasquer,
Ouvrant les yeux des Rois; afin que se moquer
D'eux ne se puissent plus : Donne leur ceste grace,
Comme à David ton serf, qu'ils voyent la fallace
De ceux qui bien souvent aveuglent les Seigneurs,
Et se moquent de loing d'eux & de leurs honeurs,
Se servans pour cela de finesse du Diable,
Ils ont bien tost surprins le Seigneur accostable.
O Seigneurs courageux & bons, haïssés les,
Et n'en souffrés aucun dedans vos beaux palais;
Chassés loing de vos cours toutes gens desloyales,
Mais recevés les bons en vos maisons royales.



L    Le

Les hommes mondains sont addonnés à vantance.

L E *monde je condui usant de tromperie*
   *Comme le fin renard, j' abbuse les humains;*
   *Je n' ay cure de Dieu, je commets actes maints,*
*Satan, l' Enfer, la Mort me sont pour moquerie.*

*Declara-*

## Declaration de la X L I. Figure.

IE suis le plus sçavant qui se trouve en la terre,
J'enten, je cognoi tout, en rien jamais je n'erre;
Et s'il est de besoin de mon art louänger,
Je ne faudray de mettre ame & corps en danger.
Avec grande industrie & sagesse le monde
Conduire j'ay appris, me servant de faconde:
Je ne faus pas d'un poil. Je n'ay soin nullement
De Dieu, ains je rempli mon ventre seulement.
Or j'ameine souvent au païs grand encombre,
Par guerre & par discorde & par mort de grand nõbre:
Les plus sages qui soyent en village ou cité
Je mesprise, aux Seigneurs j'oste l'autorité:
A bout de tout je viens par ma sage finesse,
J'esleve qui je veux, & qui je veux j'abbaisse.
C'est le train que je meine aussi long temps qu'en fin,
L'ennemi des humains, qui se monstre plus fin
Que jamais je ne fus, me met en grande peine,
Et la mort puis apres au sepulchre m'emmeine,
Mon ame est de Satan, mon corps proye des vers:
Chascun lors s'esjouït qui m'à veu si pervers.

## Il faut diligemment prendre garde à ses faits.

L E Soleil se levant à l' un des bouts du monde,
    Tient sa route & courant se couche à l' autre bout,
    Soit qu' on face du bien, ou du mal, il void tout:
Fay ainsi & chemine en conscience ronde.

*Declara-*

## *Declaration de la* XLII. *Figure.*

AInsi que Jesus Christ le Soleil de justice,
Aussi bien l'equité contemple qu'injustice
Commise des humains, & rend bien pour le bien,
Et punit le meschant, sans qu'il soit meu de rien.
Pareillement doibt faire ainsi du droit la force,
Et à l'entour de soy regarder n'estant torse;
Surtout se souvenir qu'il n'est ja de besoing
De suivre la raison charnelle, ains avoir soing
De se reigler surtout selon la loy divine,
Et que tout ce qui est contraire elle abomine :
Car c'est la loy de Dieu qui la vraye raison
Monstre parfaitement en tout temps & saison.
Fay donques que tousjours la justice reluise,
Puis qu'elle est en la loy, d'icelle donc la puise :
Alors en peu de temps elle te monstrera
L'honeur, la verité, & quant & quant fera
Qu'aussi verras le mal, dont tu pourras sentence
Donner en verité, sans craindre repentance.

La

La folie ne peut tousjours estre cachee.

IL advient quelque fois qu' en honeur monte l' Asne,
Tant y a qu' il ne peut se desfaire du sot,
Tout son entendement ne pese pas un lot,
Bien qu' il se vante fort du sçavoir de son crane.

Declara-

### Declaration de la XLIII. Figure.

QViconque trop hardi en ce monde veut estre,
Et comme un rodomont marchant faire du mai-
Se reposant du tout sur l'honeur temporel,          (stre,
Comme aussi sur l'effort du glaive corporel;
Il passe outre hardiment ayant longues oreilles,
Son cœur ressemble un tróc, duquel (grandes merveil-
Il sort à force fous: En la bouche a tousjours,          (les)
Sans droicture, l'espée; Helas tout à rebours
Tout son affaire va. Celui qui sans science
S'esleve par trop haut, mettant sa confiance
En la faveur des grands, & sur son leger poids,
Que son chef grave emporte, ainsi comme tu voids:
En son gouvernement à plusieurs fait outrage,
Combien que d'un chascun soit cognue sa rage:
Un tel verra son front rougir en temps & lieu,
Par ainsi recevra son salaire de Dieu.

Chaf-

Chasque ouaille cerche sa pareille.

NE t'esbahis de veoir en ceux-ci telles testes,
    Le plus grand sot de tous s'estime tout sçavoir,
    Tels'oiseaux de son chef monter il fait beau veoir!
Il est vray compagnon de si jolies bestes.

Declara-

*Declaration de la* XLIV. *Figure.*

DI moy, mon bon ami, ce que d'un tel te semble?
A quelque grand Seigneur pour certain il ressem-
On le peut remarquer à ses beaux serviteurs;        (ble;
Il merite tresbien d'avoir force auditeurs :
Car il est tout rempli de science tres-belle,
Tant que sa teste en est trop petite; dont telle
Ouverture y manquoit, comme tu voids ici,
Afin que la science en esclataft ainfi :
Puis qu'il y en a trop, il en peut donc part faire
A qui en a befoing, de tant il n'a que faire.
Il s'esmerveille fort de se voir fi prudent,
Que la subtilitè de son esprit ardant
Comprend tout. A ses gens plaist bien fa contenance,
Dont de le bien servir ont bonne fouvenance,
Parce que d'icelui port fage & bien feant,
Science, avancement ils ont, tout pour neant,
Le plus heureux de tous en portera la cappe,
Celui qui est le plus habile, qu'il la happe.

M        Tels

Tels de Machiavel sont les cœurs des disciples.

L E renard ne delaisse à jamais sa nature,
　Exerçant sa finesse il n'espargne travail,
　Ses armoiries sont l'ennemi du bercail;
Un faux cœur est depeint ainsi par la figure.

Declara-

*Declaration de la* X L V. *Figure.*

ENtouré de rayons tu es, cœur frauduleux,
Où pour tout il n'y a que ferpens venimeux,
En toy l'avarice eft provenante de haine,
Tant y a qu' eflevé tu es à peu de peine.
L'efpée & le bafton tu as en ton pouvoir,
Cependant ta malice on ne peut pas bien veoir:
Tu es fort diligent & employes fineffe,
A faire du renard, quand tu vois ta foibleffe;
Que s'il vient à propos que puiffes faire coup,
Tes armoiries font ouvertement le loup:
Pour autant que tu es en grand' eftime & charge,
Chofe eftrange ce n'eft fi ton chapeau eft large.
Or tu debvrois penfer, jaçoit que ne l'entens,
Que ton orgueil fe paffe avec bien peu de temps,
Puis ton cœur venimeux avec ta violence,
T'apporteront au corps & ame doleance.

Il se trouve aujourd'huy de trois sortes de chasse.

L A chasse, liberal & gentil exercice,
 N'est defendue à qui de ce faire a loisir;
  Mais la plus legitime il te convient choisir,
Sinon Satan courra pour te faire service.

Decla-

*Declaration de la* X L V I I. *Figure.*

TRois sortes il y a de chasse en ceste vie,
La premiere a le nom de force & tyrannie,
Par ceste, violence au pauvres gens on fait,
Qu'on n'estime non plus que bestes en effect,
Consumée est souvent de leur triste visage
La sueur, des chasseurs addonnés à pillage.

La seconde n'est pas guere plus à louër,
Quand au lieu d'exercer sa charge, on va jouër,
Ne voulant escouter la parole divine,
Ou donner audience au pauvre qui s'encline.

La troisieme qui est pour recreation,
Se peut souffrir en temps, mais en ta dition,
Quand on chasse sur tout aux bestes dommageables
Aux champs, ou aux humains, mortes sont profitables.

Si la quatrieme on veut, je la mets en ce lieu,
Car elle duit à tous; C'est de crainte de Dieu.
Autrement l'ennemi employra diligence
De chasser avec toy : Et puis la mort, qui dance,
Saisira le chasseur, lors qu'il n'y pensera,
Du pauvre l'oraison à ce jeu fin fera.

La priere du juste est de grande efficace,
Elle perce la nue, & vient devant la face
Du Pere tres-benin, qui toutes choses peut,
Et pour l'amour du fils esconduire ne veut.

Par trop chasser on peut bien devenir sauvage,

L'Homme qui seulement à la chasse s'addonne,
　Peut aisément tomber en inconvenient:
　Il devient tout sauvage, & le Calomniant
Lui corne le tran-tran, qui en fin fort l'estonne.

Declara-

*Declaration de la* X L V I I. *Figure.*

CElui qui est tousjours entre bestes sauvages,
Oubliant son estat(ce que ne font les sages)
Et qui à rien ne prend qu'à la chasse plaisir,
Dont d'escouter le pauvre il n'a jamais loisir,
Aime chiés, chevaux, cerfs & renards pleins de fraude,
Et lievres, à Satan, qui autour de lui raude,
Fait plaisir singulier, dont il lui corne haut;
Mais la Mort lui monstrant l'heure, lui dit qu'il faut
Desloger : Et d'autant qu'il n'a la cognoissance
Que sauvage est, son dard de force elle lui lance,
Et met fin à sa vie, en lui faisant tomber
Ses cornes, puis il faut le corps mort entomber,
Mais apres tout cela, de telle beste l'ame
Se trouve tourmenteè en l'infernale flame.

Capi-

## Capitaine Renauld se sert de stratagemes.

Contre son ennemi le Renard tours employe,
La Grue vigilante est tousjours en souci;
Le guerrier courageux en peut bien faire ainsi,
S'il maintient la patrie, & pour la foy guerroye.

*Declara-*

*Declaration de la* X L V I I I. *Figure.*

VN vaillant Capitaine & difcret chevalier
  A tousjours de fon fait un foing particulier,
De cœur à l'Eternel fon Dieu fait fa priere,
Il met l'oifiveté à toute heure en arriere.
En garde eft attentif, & quant il faut marcher:
Il prend bien garde au lieu là où il void fifcher
A l'ennemi fon camp; avec lui ne fe jouë,
Mais employe fon fens à faire qu'on le louë.
Hypocrites flateurs il ne fauroit fouffrir,
Fauffaires & menteurs, traiftres il fait mourir.
Prudent eft pour trouver les rufes de la guerre,
Tout auffi clair voyant qu'animal de la terre.
Quand Renauld diligent prend bié garde à fon faict,
Et la Gruë en veillant fidele garde fait,
Sous l'Enfeigne de Chrift on obtient la victoire,
L'Ennemi eft batu: De ce courage gloire,
Et honeur le vainqueur reçoit des gens de bien,
Son chef eft couronné pour le merite fien.

N                    Capitaine

Capitaine Levraut courageux en la fuite.

S I ton soldat en soy un cœur de lievre porte,
   S'il est jouëur, yvrongne, & outre ce paillard,
   Larron comme un corbeau, faisant du babillard,
Tu lui peux bien bailler en temps son passe-porte.

Declar

*Declaration de la* X L I X. *Figure.*

CElui qui entreprend ou commence la guerre,
Voulant faire tomber son ennemi par terre;
Et qui estime plus le lievre pour ce fait,
Et le louë hautement, en disant qu'il à fait
Grãds exploits, abbattãt maints courageux gẽdarmes,
Heaumes leur arrachant & toutes autres armes;
Je ne puis à cela adjouster grande foy,
Que d'un tel l'ennemi soit mis en desarroy,
Ne qu'il ait emporté glorieuse victoire:
Fuïr estant aux champs, c'est du lievre la gloire.
Je n'ay jamais ouï qu'un lievre ait pris le chien,
Mais que du chien souvent la proye est, je veoi bien.
Quand un homme qui est peureux & sans courage,
Veut faire grands exploits de guerre: Davantage
S'il a le naturel des larrons & corbeaux,
Et que son cœur paillard soit bruslé des flambeaux
De l'infame Venus, addonné à sa bouche;
Que des lievres vaillans un tel au rang se couche.

 Pechés

Pechés font que du ciel en fin defcend la verge.

L E Turc fobre & cruel fon cimeterre aiguife,
   Mais le Chreftien yvrongne & paillarde hardiment,
   Efclave de Mammon. Et Dieu qui point ne ment
Pend la verge, & punir veut cefte faitardife.

Declara-

### *Declaration de la L. Figure.*

LEs Chrestiens en ce temps se font guerre mortelle,
C'est honte que la Gent qui veut estre fidelle,
S'esleve contre soy continuellement,
Dont l'ennemi commun la surmonte aisément.
L'Avarice aveuglit les sages à ceste heure,
Et le Turc cependant à afiler labeure
Son cimeterre fort, pour le baigner au sang
Des Chrestiens, ô Chrestiens, où est donc vostre franc
Courage de jadis ? Vous estiés l'espouvante
De l'incredule Gent.  La legion tonnante
N'estoyent ce pas Chrestiens, qui emportoyent le prix
De vaincre l'ennemi qui en estoit surpris ?
Ce leur estoit un los à tousjours honorable,
Maintenant les Chrestiens sont du monde la fable,
Le vin, & les putains, l'argent soulfre des cœurs,
Fôt que maints grâds guerriers ne sont tousjours vain-
Par ainsi biē souvēt & les Rois & les Princes  (queurs.
Des Royaumes chassés on void & des Provinces :
Que si Dieu l'Eternel ne menoit pour les siens
La guerre, incontinent soyent reduits à riens.



L'Effu-

L'effusion de sang c'est le fruict de la noise.

L'Eternel aime ceux qui à la paix s'addonnent,
Il hait contentions, elles sont du Mauvais;
Celui qui aime Dieu ne peut haïr la paix;
Les querelleux meurtriers au Diable s'abbandonnent.

*Declara-*

## *Declaration de la L I. Figure.*

ON void ici par tout noises & bateries,
  Aux chambres, sur la rue, & sur les galeries,
Il y a de l'estrif avec femme & enfans,
Tous ceux de la maison, tant libres que servans,
Ne sçavent vivre en paix. L'un estant sur la ruë,
Attend son compagnon, & puis apres le tuë:
S'ils ne tuent l'un l'autre, outrages pour le moins.
Tous les pires diront, se bravans à tous coings;
Les injures souvent sont plus fort penetrantes,
Que glaives afilés, ou espées tranchantes.
Par la furie maint est par terre estendu,
Et comme d'un pourceau son sang est espandu.
Ainsi Satan de tout vient possession prendre,
Dautant qu'on ne veut point à l'alme paix entendre,
Qu'on fait si peu de cas de l'image de Dieu,
Que de l'oser tuer de sa vie au milieu:
Et mesme quelques fois pour sa beneficence,
Maint qui ne l'attend pas a telle recompense,
La plus part des humains ne cognoist aujourd'huy
Ses bien-faicteurs, pour bien, elle rendra ennuy.

La

La guerre ne vient par sans porter grand dommage.

L'Eternel te doint paix, beau Royaume de France;
   Que puissiés estre unis grands Princes Allemans,
   Dieu en qui vous croyés, des traistres allumans
La guerre en vos païs, vous garde en asseurance.

Declara-

### *Declaration de la* L I I. *Figure.*

MEurtres, embrasemens, & toute autre nuisance
Sont effects de la guerre & de la discordance.
On y va pour destruire & pour tout fracasser,
Ce qu'on ne peut des mains, on le fera passer
Par la flamme du feu, lequel quand il s'allume,
Maisons, gens, & bestail tout ensemble il consume:
Encor trouvera on maint tyran & moqueur,
Qui se resjouïra en son endiablé cœur,
Lors qu'il a tout gastè suivant sa fantasie,
Or primes il a tout ce qui le rassasie,
Il chante, il saute, il rit, tout content va cerchant,
A qui dire il pourra son acte si mechant;
Ce ne lui est assés du faict, si s'il ne se vante,
Qu'il a fort bien joué sa farce violente !
O malheur au village, à la ville, au païs,
Où tel esclandre font gens dignes d'estre hais !
Là de douleur d'esprit & de corps fort amere
Meurt maint homme de bien, contemplant sa misere.


O

Si la guerre est sur mer le danger en est double.

LA maudite avarice, & desir de veṅgeance
  N'ont point peur desormais des incommodités,
  Tant sur mer que sur terre hommes ont incités
A la guerre esmouvoir; telle est l'humaine engeance.

*Declara-*

*Declaration de la* L I I I. *Figure.*

SUr la mer le danger eſt plus grand que ſur terre,
On y devroit tousjours prier ſans mener guerre :
Tant y a que Satan, qui ne ſçait repoſer,
Noiſes, meurtres & guerre y vient auſſi cauſer ;
On ne regarde plus à vent ni à tempeſte,
Le monde eſt devenu aveugle & rage-en-teſte :
Et combien que pluſieurs eux meſmes au danger
Se ſoyent trouvés ſouvent, ſi ne veulent changer :
On ne redoute point les vagues ni les ondes,
Qui s'eſlevent bien haut deſſus les mers profondes,
Tonnerres & eſclairs, n' autres adverſités,
Non pas meſme Atropos, qui a maints contriſtés ;
Car on met tout cela maintenant en arriere.
L'avarice de tout ce mal donne matiere,
Sur tout quand il y a apparence de tort,
Que le guerrier pretend, dont il ſe plaind bien fort.
Lors pour raſſaſier la maudite avarice,
Il faut tout hazarder, tant hardie eſt malice :
Mais s'il faut maintenir vraye religion,
On s'enfuit tout armé hors de la region.

Le fondement de foy c'est le Seigneur Jesus.

C Hrist est le fondement de foy, il le faut croire,
   Il fait luire sur nous sa clarté clairement,
   Toute ta confiance en lui mets hardiment,
Croy bien, aime le droict, si auras la victoire.

Decla

*Declaration de la* L I V. *Figure.*

QUiconque veut avoir bonne fin de sa vie,
  Qu'un tel son bastiment asseuré edifie
Sur Jesus son Sauveur ferme & seul fondement,
A sa pure parole ait egard simplement,
Qu'il ne se fie point à ce malheureux monde,
Qui n'est de rien content, si en argent n'abonde,
Et en honeurs mortels, il n'a egard à rien,
Qu'a sa propre raison, à Satan ce plaist bien.
  L'Eternel tout-puissant demande un cœur fidelle,
Humble, & bien le servant, sans fraude, ne cautelle.
Telle foy est semblable à des petits enfans,
Qui sans feintise sont : Elle rend triomphans
Ceux qui d'ardant amour à la parole vraye
Regardent seulement, le chemin elle fraye
Vers la porte des cieux, esclairant le croyant :
Laisse donc vanité à ton fait pourvoyant,
Car qui à tout auteur, ou escrivain veut croire,
Perd aisément sa foy, & en elle sa gloire :
Celui qui toutesfois ne veut lire, n'ouïr,
Veut ses aveugles yeux encor plus esblouïr ;
Et va deçà delà tastonnaant sans lumiere,
Il ne prend en peschant que vapeur & fumiere :
Mais quiconque se fie en Dieu & en ses dits.
Ne se trouvera point au nombre des maudits.

La

La loy de Dieu comprinse en deux commandemens.

IL nous est commandé par la loy de Dieu saincte
D'aimer le Tout-puissant, nostre prochain aussi :
Toutesfois cest amour accompli n'est ici,
Jesus Christ satisfait, si tu le crois sans feinte.

*Declara-*

### *Declaration de la L V. Figure.*

LA loy de l'Eternel est un parfait miroir,
Le peché qui se cache elle fait apparoir;
Parquoy si tu te veux tel que tu es cognoistre,
Il t'y faut contempler sans feintise de cloistre :
Que si tu trouves lors un jour, ou un moment,
Auquel de fait, de bouche, ou bien par pensement,
Tu n'ayes transgresé, & commis quelque faute,
Soit par infirmité, ou par malice caute;
Asseurément tu es le premier des humains,
Qui de tout peché as tenu nettes tes mains.
Or cependant à toy, comme ami, je conseille,
De ne te point fier sur ce qui n'est que fueille,
Ne te persuader qu'il ne te manque rien;
Car le plus hypocrite autant en feroit bien.
Mais celui qui est foible, en temps & saison bonne
Pose son fondement dessus ceste colomne,
C'est à dire sur Christ, lequel l'a racheté,
Qui ce fait, en bon fond a son ancre jetté :
Puis envers son prochain se monstre debonnaire,
Tant de cœur, que de bouche, en son œuvre ordinaire.
De ces deux poincts ici depend toute la loy,
Qui les fait de bon cœur est juste par sa foy,
Et obtient à jamais de l'Eternel la grace,
Il recevra en fin gloire qui ne se passe.

Ne

Ne faut legerement rompre l'amitié saincte.

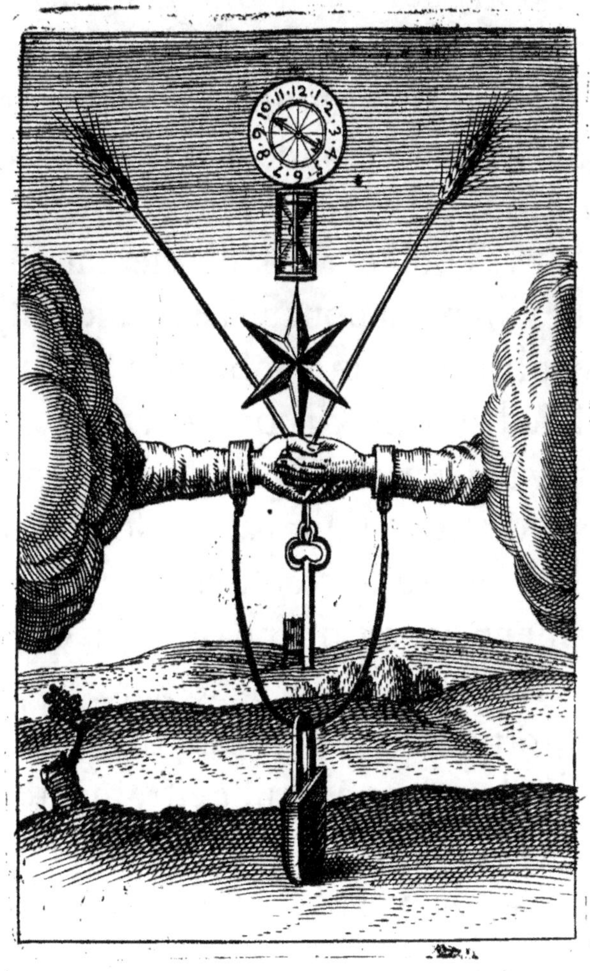

SI tu as un ami honorable & fidelle,
    Ayant touché sa main en signe d'amitié;
        Pren gardę à bon escient que par ta mauvaistié
Ne se rompe jamais une alliance telle.

Declara-

*Declaration de la L V I. Figure.*

TOut ainſi que deux mains qui ſont ainſi liées
Par un fort cadenat, ſont bien appariées.
L'eſtoile qui eſt ſus te monſtre la ſplendeur
D'amour : Ainſi au monde en entiere rondeur
Doit eſtre l'amitié en loyauté non feinte,
Ferme, ſans s'eſloigner de la divine crainte.
Ne cerche viſtement pour peu de cas le clef,
C'eſt un fol inſensé qui tombe en tel meſchef.
Qui oublie l'honeur & la beneficence,
Qu'il a receu d'autruy; Qui ſon ami offence,
Et le perd volontiers : Une part de ſon cœur
Un tel perd avec lui, regret & creve-cœur
Lui advient puis apres, quand il ne ſçait que faire
En ſa neceſſité. En fin le vient desfaire
La paſle Mort : Parquoy pour l'amour d'un flateur,
Ton vieil & bon ami n'eſtime eſtre menteur,
Puis que l'as eſprouvé : Ains retien le, & l'honore;
Car s'il t'a fait du bien, il t'en peut faire encore.

Quand tu voids l'ennemi, pren garde à tes trenchées.

L'Abeille cerche miel en toute diligence,
   Au profit de son maistre, & pour s'entretenir,
   Le bourdon paresseux paix n'en peut obtenir :
L'aveugle du Soleil ne reçoit allegeance.

Declara-

## Declaration de la L V I I. Figure.

LE peuple amasse-miel tient fort bonne police,
Il ne recognoist point le bourdon grand & nice :
Que s'il veut entreprendre à lui oster son bien,
Imitant les larrons, il n'y espargne rien;
Ains avec toute force ils'y oppose viste,
Le mordant, le picquant, le chasse de son giste :
Par ce moyen son miel plein de douceur retient,
Lequel des tendres fleurs, des que le printemps vient,
Il cueille tous les jours en toute diligence.

Pourquoy donc les humains n'ont ils intelligence
D'en faire tout ainsi ? Ne rougissent ils point,
De se laisser ravir, mesme estans en bon poinct,
Leur miel plus doux que miel ? J'enten-ci la parole
De l'Eternel leur Dieu, qu'on leur oste : Et l'idole
On leur met en sa place, afin que ne sachans
Ce que Dieu veut, ils soyent la proye des meschans.
De là vient qu'avons tant de maux en ceste vie,
Ce malheureux poison l'ame aussi mortifie :
Sourds, muets neantmoins sommes, & ayans yeux,
Aveugles demeurons à la clarté des cieux.

## La mifere de l'homme eft grande en cefte vie.

AUffi long temps que l'homme eft vivant fur la terre,
Il a folicitude & peur de tous coftés,
Satan, la Mort, le Monde en lui leurs cruautés
Monftrent; Mais l'Efprit bon lui aide en cefte guere.

Declara-

### Declaration de la L V I I I. Figure.

LA vie humaine n'est rien que croix & souffrance,
Qui la moele & les os & le cœur à outrance
Afflige, & peu à peu consume jusqu'au bout,
Mal-heur à l'homme vient tandis qu'il est debout:
Tant la Mort, que le Diable, aussi le Monde immonde
Lui descochent leurs dards, pour en fosse profonde
Le faire trebuscher : Le Monde n'a repos,
De lui vient mauvaistié & vice à tous propos.
Il est en verité l'emplastre lequel tire
Peché en toute sorte, & à l'homme l'inspire,
Dans lequel se veautrant comme truye au bourbier,
Gueres il ne lui chaut qui le doit expier :
Car à tout mal enclin il est de sa nature,
A incredulité, à haine, à forfaiture,
Si ce n'est que de Dieu le bon Esprit lui soit
Communiqué de grace, alors il en reçoit,
Conduit par icelui, contentement & vie,
Laquelle lui estoit au paravant ravie :
Les Anges à l'entour de lui plantent leur camp,
Quoy voyant l'ennemi s'en va tout sur le champ.
Mort, Monde, Chair & Diable avec son stratageme,
Ne peuvent subsister devant la foy qui aime :
Ainsi l'homme Chrestien passe tout à travers
De toute affliction, n'ayant peur des enfers.

P    3        Sois

## Sois tousjours disposé de partir de ce monde.

LE temps s'en va leger, la Mort blesme s'approche,
Heureux qui de bon heure à l'Eternel se rend,
Et qui du Cigne blanc la chanson droite apprend;
Benissant le bon Dieu, & vivant sans reproche.

*Declara-*

*Declaration de la* L I X. *Figure.*

COmme bien viſtement par l'air vole la fleſche,
Et l'œuvre qu'elle doit en peu de tẽps deſpeche;
Ainſi pareillement en fait noſtre heure auſſi,
Laquelle en un moment à peu pres vient ici,
Et emporte pluſieurs avecques violence,
Quand ils ſont ſans ſouci vivans en inſolence.

  Parquoy tandis qu'avons noſtre entendement ſain,
Il nous convient tousjours d'avoir tous ce deſſein,
De chanter la chanſon laquelle ſignifie,
Que le Cigne eſt venu à la fin de ſa vie.
Quiconque orprimes veut, quand il ſera ancien,
Cognoiſtre ſes pechés, & eſtre bon Chreſtien,
Quand il lui faut mourir; telle recognoiſſance
Rarement vient à bien, ains eſt ſans eſperançe.

La

La fin du monde eſt pres, bien qu'on ne s'en soucie.

L'œil de Dieu le tourment des oppreſſés contemple.
Son oreille oit leur cri & leur gemiſſement;
On void des deux coſtés les grands qui laſchement
Pendent l'aile : La fin nous declare l'exemple,

Decla

*Declaration de la* L X. *Figure.*

O vray Dieu Tout-puiſſãt regarde en bas le mõde,
Lequel eſt gouverné par la monoye immonde,
Sur icelle à peu pres tout recline aujourd’huy
S’en l’aiſſant aveugler, y cerche ſon appuy :
Car le ſac plein d’argent ce monde eſt l’idole,
Et qui ne l’aime point ne vaut pas un obole :
Perſonne ne prend garde aux dits de l’Eternel,
Le pauvre eſt ſurchargé du monde criminel;
Eſtant de lui preſſé ſi faut il qu’il le porte,
Ses mains levant au ciel en Dieu ſe reconforte :
Puis que ceux qui l’eſpée & la croce ont en main,
Pendans l’aile aux coſtés, tiennent meſme chemin.
Telle des oppreſſés eſt donques la priere;
    Seigneur, par ta vertu & force juſticiere,
Vien, car nous t’attendons avec treſgrand deſir,
Et eſperons en toy toute joye & plaiſir.


Q                    Le

Le pauvre est consumé par la force du riche.

C Eux qui jaunes rondeaux portent deſſus leurs robbes
 Aux pauvres gens tourment apportent maintesfois,
 Auſſi le ſçavent ceux qui les ont ſur les doigts.
Tu ſeras fourragé, ô meſchant, qui deſrobbes.

Declara-

### *Declaration de la* L X I. *Figure.*

LE pauvre maintenant grande oppreſſion ſouffre,
On lui oſte ſon pain, & le riche l'engouffre,
A ſa premiere force il ne peut revenir,
On ne lui fait honneur, biens ne peut obtenir:
Au contraire un chaſcun à tous moyens regarde,
Comment il lui pourra oſter tout ce qu'il garde.
L'araigne en fait ainſi fiſchant dedans le flanc
Des mouſches l'aiguillon, & ſucçant tout leur ſang.
On lui tire la peau par force & par fallace,
Juſques à tant qu'il ſoit reduit à la beſace:
Il advient donc ſelon le proverbe commun,
Je l'ay oui ſouvent prononcer à quelqu'un;
Le riche maintenant du pauvre le ſang mange,
Et Dieu meſme pourroit trouver ce cas eſtrange:
Le Diable toutesfois mange le riche en fin,
Adonc des fourrageurs eſt ſaoulée la faim:
Parquoy ſi ne voulés du Diable eſtre la proye,
O riches inhumains, chaſcun de vous me croye,
Ceſſés d'eſtre cruels, & ſelon vos moyens,
Aidés & ſouſtenés vos pauvres citoyens:
Afin que Jeſus Chriſt vous face recompenſe,
En vous faiſant ouïr la joyeuſe ſentence.

Pren garde au temps present aussi bien qu'a toy mesme.

L'Occasion tousjours ne se laisse pas prendre
　　Quand on le voudroit bien : Repen toy aujourd'huy;
　　Richesse, honeur, beauté, sagesse, joye, ennuy,
Au monde demeurront, & tu iras en cendre.

Declar-

*Declaration de la* XLII. *Figure.*

SEigneur Dieu Tout-puiſſãt, tousjours tu nous ap-
Que viſtemẽt s'enfuit noſtre vie & le temps, (prés,
Ainſi qu'en un clin d'œil la fleſche l'air traverſe;
Le Mort faiſant grands pas accourt & nous renverſe,
Riche, & ambitieux, beau, & ſage, & ſçavant,
Se paſſent tout ainſi qu'une vapeur au vent,
O homme penſe donc tousjours à ceſte choſe,
La Mort te vient ſaiſir, ta vie s'en va cloſe,
Il faut que nous partions c'eſt le vouloir de Dieu,
Bien que nous n'en ſachions ni le temps ni le lieu.
La mort baiſſe ſon dard contre nous à toute heure,
Parquoy fui le peché à bien faire labeure,
Ne differe long temps de ta vie amender;
Car tes biens en ce temps ne te pourront aider,
Ni ton orgueil auſſi, ta force redoutable,
Contre la dure mort n'eſt de rien profitable.
Pluſtoſt invoque Dieu, que de ſa grace ici
Te face part: Et toy ſois volontaire auſſi,
De pardonner à ceux leſquels t'ont fait outrage;
Adonc verras de Dieu le gracieux viſage.


Q 3    La

La parole de Dieu à tout jamais demeure.

L E dits de l'Eternel sont bien intelligibles,
Si garde on y vouloit prendre tant seulement;
Qui donc oreilles a, les escoute hardiment,
Ne suivant des humains inventions nuisibles.

*Declara-*

*Declaration de la* L X I I I. *Figure.*

TAnt de jour que de nuict l'Eternel nous esclaire,
Par sa clarté monstrant ce que nous devons faire :
Sa parole nous est tresluisante splendeur,
Si nous la recevions avec simple rondeur :
Mais Satan & peché, conjoints avec le monde,
Nous ont plongé dedans l'obscurité profonde :
A quoy donques nous sert d'avoir des si clairs yeux,
Puis que nous ne voulons point regarder d'iceux?
A quoy sert le long nés, & vertu odorante,
Si sentir ne voulons l'odeur si attirante ?
A quoy nous sert de tous les membres sentiment,
Si nous ne sentons pas le peché tristement ?
A quoy sert il d'avoir & bonne & saine viande,
Si nous n'en jouïssons comme Dieu le commande ?
Las ! à quoy sert chandelle & lunetres avoir,
Depuis que l'on ne veut par icelles rien veoir ?

L'un

L'un le chevron & l'autre a le festu en l'œil.

L Es oiseaux ont tousjours en la chevesche en haine;
   Et toutesfois elle est oiseau aussi bien qu'eux.
   Toy jette le chevron de ton œil si tu veux
De la veuë d'autruy faire enqueste non vaine.

*Declara-*

*Declaration de la* L X I V. *Figure*.

POurquoy regardes tu, ô pauvre miserable,
Si loing dans l'œil blessé du frere supportable :
Hypocrite, hors du sens, tu y voids un festu,
Et tu as merité d'estre premier batu !
Considere toy bien, & tu verras sans faute
Ton œil plus que le sien chargé : Je te di, oste
Tout premier le chevron qui est dedans le tien,
Apres regarderas de nettoyer le sien.
Remonstre à ton pochain doucement son offence,
Et ne le precipite aux enfers par vengeance;
Autrement tu seras semblable à ces oiseaux,
Qui picquét la chevesche eux n'estans pas plus beaux.
Parquoy lave toy bien devant que d'entreprendre
De censurer autruy; sinon te faut attendre,
Qu'on te tiendra pour sot, on te fera sentir,
Que ta temerité merite un repentir.

R

Le

Le deſir de vengeance eſt tousjours dommageable,

**L**ES chiens en ſe mordant monſtrent l'experience,
Que le moindre eſt tousjours du plus fort abbatu,
Bien qu'il gronde deſſous, il n'en gaigne un feſtu;
Ainſi fait le captif enflambé de vengeance.

Declara-

*Declaration de la* X L V. *Figure.*

GRande est sans contredit des humains la malice,
Souvent regne par force, Envie & Injustice :
Si donc avec le riche a noise le chetif,
Que de bon heure il laisse hardiment son estrif.
De tout bien on lui porte envie, & faut bien dire,
Que le Diable aux humains ceste malice inspire :
Elle est en tous estats exercée si bien,
Qu'à force de hair maint ne jouït de rien,
Ne se cognoissant pas soymesme : Ainsi son ame,
Et son corps va gastant : Et le malin l'enflame
Tousjours de plus en plus : si que maint qui n'a peu,
Par envie accomplir le desir qu'il a eu,
Mange son propre cœur, & cause l'amertume
De son chagrin despit, qui en fin le consume.
La proye est des serpens le reste de sa chair,
Et son ame Satan avale sans mascher :
Alors ville & païs prennent resjouïssance,
Pource qu'il est payé de son outrecuidance.

Les Epicuriens sont plustost pourceaux qu'hommes.

LEs Epicuriens aiment l'yvrongnerie,
Car en elle pour eux il y a du hazard :
Tant la Mort, que le Diable y ont aussi leur part,
L'homme y perd corps & biens, l'ame s'en va perie.

Declara-

*Declaration de la* L X V I. *Figure.*

ON s'addonnoit jadis à ce qui fait apprendre
La vertu : maintenant on apprend à despendre
Les biens de pere & mere . & tel se haste fort,
Creignant de delaisser du bien apres sa mort,
Qui neantmoins se void reduit à la besace,
Plustost qu'il ne pensoit : Et lors il faut quil face
Un conte tout nouveau : Car aux siens precedens.
Il s'estoit forconté, & maintenant ses dents
Ne s'en contentent point. Où est la gourmandise,
L'yvrongnerie aussi, là est la paillardise :
Lors que la pance est pleine elle suit volontiers,
Apres qu'on a dancé : tous infames mestiers.
Le Diable est menestrier qui leur fait assistance,
Et la mort en son rang conduit toute la dance.
Les biens estans faillis, la mort peu à peu vient,
Monstrant l'heure escoulée, aucun conte ne tient
De priere quelconque : ains les forces defaillent,
Et faut bongré maugré qu'en la fosse s'en aillent.
Tout ce train au pourceau, & à Satan plaist bien,
Satan, ni le pourceau onc n'y perdirent rien :
Car qui se veautre ici des pechés en la fange,
Apres sa mort sera puni du mauvais Ange :
Duquel, Pere tres-doux, vueille nous preserver,
Et ce qu'as commencé en nous parachever.

R. 3    Jamais

Jamais bien n'apporta trop grande beuverie.

Assés, c'est aßés beu, jeune enfant, tel breuvage
  A fait mourir plusieurs, qui en font la venus,
  Pour n'avoir escouté; Garde toy de Venus:
Sinon Satan rira joyeux de ton dommage.

*Declara-*

### Declaration de la L X V I I. *Figure*.

BAcchus, ton defir eſt vrayement deteſtable,
Tu regnes neantmoins au monde miſerable :
Maint brave homme de guerre a tant verſé, qu'en fin,
Il a eſté vaincu & tué par le vin.
La Mort eſt diligente à te tirer à boire,
Dame Venus auſſi de toy veut avoir gloire.
Par le moyen de ces deux vices malheureux,
Gens ſe ſont ruinés, & païs plantureux.
L'Eſprit malin en rit avec toute ſa bande,
Car quand il void cela, c'eſt tout ce qu'il demande :
Parquoy ſi veux avoir longue vie & ſanté,
Fuy tant que tu pourras telle meſchanceté ;
Et ne permets jamais que deſſus toy domine
Paillardiſe ou le vin, pluſtoſt les abomine ;
Que tu ne ſois puni à toute eternité,
Recevant le loyer ſelon qu'as merité,

Les moqueurs deformais ne font rien de nouveau,

LES serviteurs de Dieu sont mesprisés au monde,
Les moqueurs ne s'en font que rire, & les honir :
Malheur à qui le fait; car Dieu le veut punir,
Le deshoneur à Dieu, qui les donne, redonde.

Decla

### *Declaration de la* L X V I I I *.Figure.*

L E monde est tout rempli de rebelles moqueurs,
La rage insensée a prins place dans les cœurs :
Aujourd'huy sont moqués les ministres fideles,
Il ne chaut plus de Dieu, ni de doctrines telles.
Si quelqu' un maintenant veut dire verité,
Il void incontinent tout le monde irrité.
C'est à lui qu' on en a, c'est apres lui qu' on crie;
Oste, oste le delà, puis qu' ainsi nous descrie.
C' est son meilleur loyer d' estre honi & moqué,
On estime le plus qui la le plus piqué.
C' est pour cela que Dieu punit en tant de sortes,
Et qu' il n' y a ni foy, ni grace dans nos portes :
Car la desloyauté a prins accroissement,
En tout païs on fait & parle faussement.
Qu' ainsi soit, vray tesmoin en est l' experience,
Qui nous en fait avoir trop bonne cognoissance.

S                    De

De tous hommes mondains grande est la nonchalance.

I L y a moult de gens qui n'ont ni soing ni cure,
Sinon que d'amasser abondance d'argent;
Que te sert force, orgueil, argent, ô negligent!
Car tu t'en vas tout nud dedans la terre dure.

*Declara-*

*Declaration de la* L X I X. *Figure.*

L'homme calamiteux en ce bas territoire
Se tient tout attaché à l'argent transitoire,
Tant son cœur mesfiant, que ses perverses mains,
Sont prises, tellement qu'il n'y a nuls chemins,
Par lesquels eschaper de sa prison il puisse :
Par tout la porteroit, encor bien qu'il fuïsse.
Sur force, & violence, & sur honeur l'argent
De par l'homme est posé, son ame negligeant.
Et tant est despourveu de son bon sens le monde,
Qu'il met sur un coussin l'argent, où son cœur fonde,
Sur lequel doucement le Mammon malheureux,
Se reposant, attend Satan son maistre affreux.
L'argent est maintenant par dessus la justice,
Il foule la vertu, & avance le vice.
On fait tout pour argent, l'argent fait le marché,
Au pauvre cependant il demeure caché;
Car le riche l'oublie. ô Dieu, pren l'en ta garde.
L'heure du jugement dernier vient & ne tarde.
Les richesses s'en vont, l'homme meurt nud & seul,
Et pour tout son avoir il emporte un linceul.

Du calomniateur grande eſt la tromperie.

Q Uiconque va cercher ſon heur ſur l' eſcrevice,
  Merveille ce ſera s' il y parvient jamais :
  Il en prend tout ainſi à qui croid au mauvais,
Ou qui attend de lui quelque loyal ſervice.

Declara-

### *Declaration de la* L X X. *Figure.*

Cll qui par deshoneur cerche son avantage,
Qu'il attende hardiment, il aura l'heritage,
Lequel vient du malin, &, si croire voulons,
Les escrevices vont, mais c'est à reculons,
Pour la plus part du temps : dont qui attend fortune
Dessus un escrevice, attende une autre lune.
Il sçait si bien nager, qu'on le void rarement
Une heure dessus l'eau, ains à fond promptement
On l'apperçoit tomber. Ainsi par violence
Quiconque acquiert honeur, & puis à insolence
S'addonne; un tel en fin de Satan est destruit,
On ne peut esperer qu'il portera bon fruict.

    Or combien qu'au bons cœurs soit longue la ma-
Des meschans : toutesfois son chemin l'escrevice (lice
Tousjours tient; & en fin il faut que soyent punis
Les meschans encor bien qu'ils seroyent mieux munis.

    Parquoy sois vertueux, & en tout equitable,
Et ne donne point lieu à la chançon du Diable :
Qu'il ne te mene perdre, & si mon dire entens,
Tu te deporteras de tout mal en tout temps,
Et aimeras la paix autant que ta prunelle :
Ce faisant tu pourras avoir vie eternelle.

Il y a tromperie en toute marchandiſe.

DEs marchands le trafique eſt bien choſe louäble,
   *Si les trompeurs n'eſtoyent aujourd'huy ſi communs;*
   *Tous les plus affettés ſont les plus importuns:*
*La foy & loyauté n'eſt ores profitable.*

*Declara-*

### *Declaration de la* L X X I . *Figure.*

LEs téps sont fort fascheux, grande est la cóvoitise,
Chascun se veut mesler du fait de marchandise,
Quiconque a de l'argent aussi peu que ce soit,
En son cœur le desir de trafiquer conçoit :
Mais tout le plus grand mal est qu'à la judaïque
La plus part des marchands ordonnent leur trafique.
Et en plusieurs endroits le juif est peu sçavant
Pour tromper, le Chrestien boute bien plus avant.
Les Constitutions, & la bonne ordonnance
Ne vaut rien desormais : qui trompe acquiert cheváce:
Soit qu'il soit le Seigneur, ou bien le serviteur,
On dit qu'il se nourrit en gentil debiteur.
Mesme le villageois de tromper fait son conte,
A peine sçauroit trouver qui le surmonte.
Tout trompeur neantmoins trompé se trouverra,
Lors que de l'ennemi attrappé se verra;
Sinon que sans tarder son meschant train amende,
Ainsi que l'Eternel aux pecheurs le commande.

On

On ne sçauroit saouler la convoitise humaine.

PLusieurs sont ruinés à cause des minieres
   *D'or, d'argent, & de plomp, & des autres metaulx :*
   *Plusieurs s'estans gastés sont devenus brutaulx,*
*Prenans oiseaux de l'air, ou poissons des rivieres.*

*Decla*

*Declaration de la* L X X I I. *Figure.*

LE Seigneur l'Eternel aime le genre humain,
Et lui baille de tout richement en la main,
Il lui monstre souvent tant mainte abysme creuse,
Dont l'homme peut tirer chose fort precieuse,
Comme l'or & l'argent, & tout autre metal,
Desquels jouïroit bien s'il n'estoit si brutal.
S'il s'en vouloit servir en amour fraternelle,
Faisant ce qu'il convient au serf de Dieu fidelle:
Mais les menteurs, trompeurs emportent orendroit
Ce qui venoit de Dieu, & possedions de droit:
Tout ainsi que dans l'eau le pescheur fin la nasse
Jette, & par ce moyen force poissons amasse:
Et que par tromperie, en sifflant, les oiseaux
On couvre de filés au bois, ou pres des eaux:
    Ainsi pareillement on fait dedans les mines,
Par l'instinct de Satan, se monstrant belles mines;
Rarement toutesfois y est sincerité.
On trouveroit thresors, s'on disoit verité,
Qui porteroyent profit non seulement aux Princes,
Mais aussi aux ouvriers, & à plusieurs provinces:
Au lieu que maintenant le Roy perte en reçoit,
Le Maistre ouvrier en fin sa ruïne apperçoit.
Cela ne vient d'ailleurs, selon ma conjecture,
Sinon des garnemens meschans qu'on y endure.

T

L'hom-

## L'homme a d'avoir des biens desir insatiable.

L E coſſon derobbant, le blé tousjours aſſemble:
  L'avare tout ainſi n'a jamais de repos,
    Eſtimant qu'à tousjours vivra eſtant diſpos:
Mais un autre en joüit, ſoit qu'il l'herite ou emble.

Decla

### Declaration de la LXXIII. Figure.

AInsi que le cosson de porter ne se lasse          (se,
Le blé qu'il peut trouver, que pour l'hyver amas-
Afin que doucement il le puisse passer:
Ainsi l'homme ne fait que des biens pourchasser;
Souvent pour avoir biens caduques, met son ame
En danger eminent de l'infernale flame,
Comme s'il devoit vivre en ce monde à tousjours,
Jaçoit qu'il soit certain qu'il va tout au rebours:
Car où que nous allions la Mort nous fait la guerre,
Nous aguetant, en fin nous fait mettre en la terre.
Adonc maint estranger avec profusion
Ingrat, grand chere fait de la provision.
Encore bien souvent advient en ceste vie,
Que l'avaricieux perd ce en quoy il se fie,
Car ce qu'avec grand peine & soing a amassé,
Fust ce à droict ou à tort, ayant bien tracassé:
Un autre larron vient, qui le tout lui emporte,
Puis le Diable venant tous deux en Enfer porte.

L'honorable Vertu est des vices souillée.

MAint homme on trouvera plein de science grande,
  A cause neantmoins des vices, ne fait rien
  Que vaille : Ainsi les boucs & pourceaux souillent
Par leur infameté la plus nette viande.          (bien

Declara-

### Declaration de la LXXIV. Figure.

BOnne viande estant en un pot ord & sale,
Sur tout si on la met sur la teste brutale
D'un bouc puant, qui est harrassé des pourceaux:
Qu'il puisse demeurer au pot des bons morceaux,
Les essaye qui veut, moy je ne le puis croire.

Qu'un chascun bien ceci imprime en sa memoire,
Si Dieu a departi à un homme beau don,
Cependant s'il se met du vice à l'abandon,
En se laissant seduire aux pourceaux aime-ordures,
On sent la puanteur passant les vertus pures.
Il arrive à un tel comme à un pot infect,
Auquel est bonne viande, & neantmoins suspect
Il demeure à bon droict, car il gaste la viande,
Elle ne vaut plus rien, personne n'en demande:
Maint science & sagesse ainsi pareillement
Corrompt, estant utile au Diable seulement,
Qui s'en estant servi en la vie presente,
En fin met l'ame & corps dedans la flamme ardante.

## La lumiere opposée aux tenebres obscures.

Q Uiconque fait le bien n' a peur de la lumiere,
La vertu hardiment pres ou loin se fait veoir;
Mais celui qui fait mal n' ose point comparoir,
Ains cerche de Satan la trop noire taniere.

Declara-

*Declaration de la* L X X V. *Figure.*

AInsi que la lumiere és tenebres luisante,
Aussi l'alme vertu hardiment se presente,
Reluisant à chascun qui la recerche bien,
Ce qui est seulement le fait de vray Chrestien:
C'est aux seuls gens de bien que ceste clarté monte
Les meschans au contraire ont de la vertu honte,
Ne s'en soucians point la fuyent laschement,
Selon qu'il se fait veoir au monde ouvertement.
Le monde tout entier à mal faire s'addonne,
Et le malin Esprit à force l'eguillonne,
Par sa finesse & fraude en tenebres le tient,          (tient,
Tãt que comme un pourceau maint homme se main-
Sans honte aucunement & sans aucune crainte:
Il n'y a plus de lieu pour l'honesteté saincte.
Vien, Seigneur, vien bien tost la chandelle allumer
Ainsi l'obscurité par elle consumer.

                                        L'ava-

L'avarice, & vertu reçoivent leur salaire.

CElui qui est mauvais reçoit mauvais salaire:
   Mais celui qui craint Dieu a son chef couronné:
   A sincere vertu l'Eternel a donné
De s'eslever aux cieux: à l'argent au contraire.

Declara-

*Declaration de la* L X X V I. *Figure.*

IL y a en ce monde une chose admirable,
L'argent est plus pesant que la vertu louäble.
Ce fait que le monde en tenebres se logeant,
L'enfer est sur le point d'engloutir tout l'argent:
Mais cependant vertu envers le ciel s'esleve,
Pres de Dieu à tousjours meine vie souëfve.
Elle estoit ici bas pressée sous la croix;
Le Seigneur la met hors des horribles effrois :
Il lui met sur son chef la couronne de gloire,
Des moqueurs diffamans il lui donne victoire;
Car ses gemissemens sont montés jusqu'aux cieux,
Dieu void sa patience & sa foy de ses yeux.
Mais le bien temporel dedans l'abysme tombe,
Et brusle de chaleur qui est en ceste tombe.
C'e qui est transitoire à Dieu ne peut venir,
L'orgueilleux & superbe il sçaura bien punir,
Il fait tomber Satan, l'orgueil & l'avarice
D'enhaut dedans l'abysme avec tout autre vice.

## La Mort tient entre tous une egale mesure.

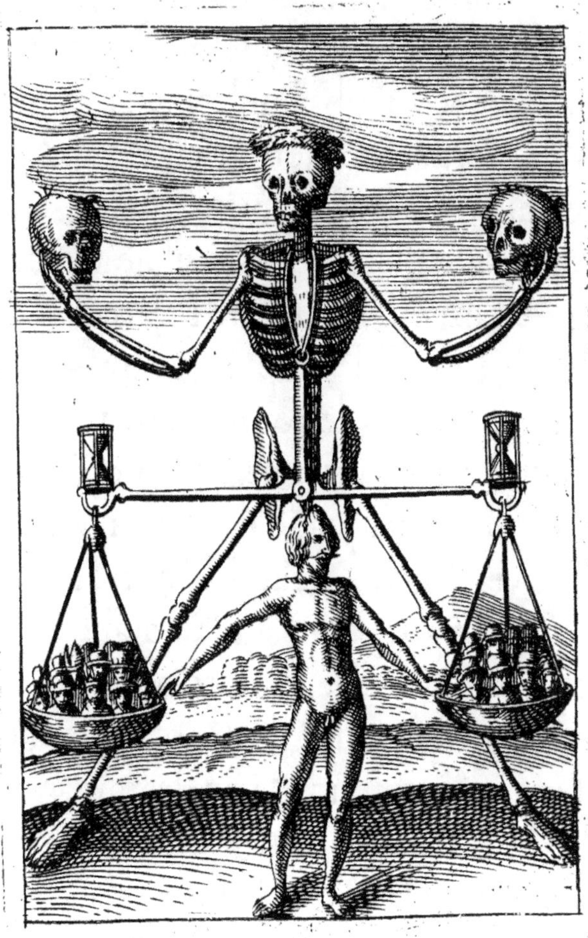

Rien ne vit d'immortel sur la terre globeuse,
Les païsans, les Rois, semblables à la fin,
S'en vont tous pesle-mesle engloutis du destin;
Tout est né pour despouille à la Mort rapineuse.

Declara-

*Declaration de la* L X X V I I. *Figure.*

QUand l'hôme au monde vient, pour tout accou-
Il n'a que nudité, c'est tout son ornemẽt: (stremẽt
Combien qu'en icelui obtient honeur & gloire,
Et grands gouvernemens; le tout est transitoire.
Il s'estime puissant, excellent & bien haut,
En son cœur orgueilleux dit que nul ne le vaut:
Tant y a qu'estant mis sur la juste balance,       (vanc
L'orgueilleux, l'humble; pauvre, & qui a grand che-
Le beau, laid; sage, sot; & le foible, & fort:
L'un pese autant que l'autre estans au poids de Mort.
Maint estoit haut levé, quand il estoit en vie;
Tous se trouvent egaux, quand la mort l'a ravie.
On ne sçauroit cognoistre à la teste d'aucun,
S'il estoit pauvre, ou riche; honoré, ou commun.
Tel estoit grand Seigneur & riche personnage,
Qui s'est trouvé tout nud à la fin de son aage.
Heureux celui qui prend bien garde à tout ceci,
Se repent, a la foy tandis qu'il est ici;
Use d'honeurs & biens avec un cœur fidele.
Assiste son prochain par amour fraternelle:
Car il sera sauvé de quelque estat qu'il soit.
Biens, honeurs temporels maint insensé reçoit,
Lequel s'en jouë ici se mettant à son aise,
Precipite son ame en l'infernale braise.

L'aiguillon de la Mort est desormais rompu.

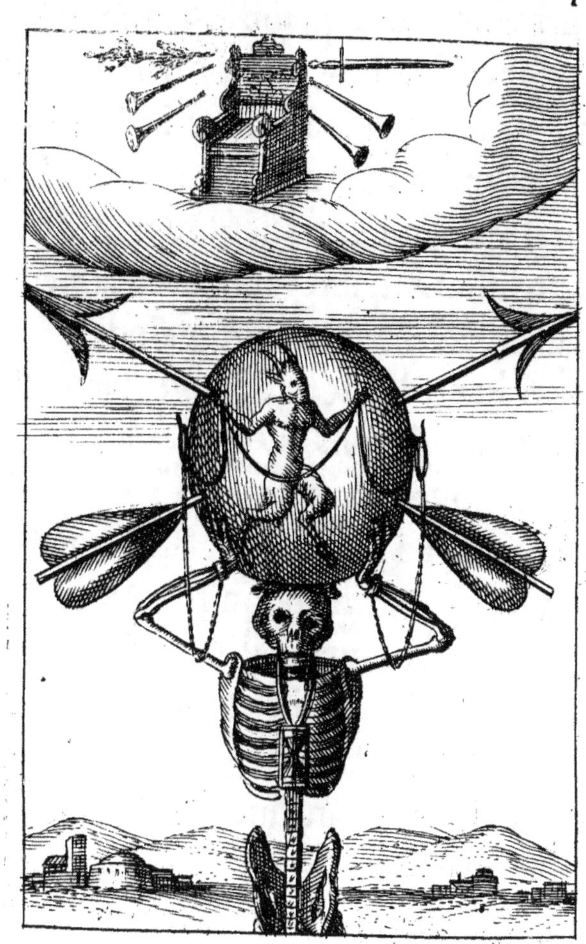

L E Diable a fait venir la Mort par tromperie
    En ce monde; & nous a grand esclandre apporté:
        Quand Jesus Christ viendra monstrer sa royauté,
Il ostera la Mort, le Diable, & sa furie.

*Declara-*

*Declaration de la* L X X V I I I. *Figure.*

LA Mort a son plaisir quand le Monde elle void
Enchainé de Satan, que volontiers il oit,
Depuis qu'il a receu sa fausse flaterie,
Par elle il est venu en telle fascherie :
Car la Mort le perçant de ses dards venimeux,
Abbat en un instant maint vaillant & fameux.
On ne sçauroit assés ceste misere pleindre,
Qu'en peu d'heure la Mort tãt de gẽs vient esteindre.
  Toutesfois nous avons, en ceste adversité,
La consolation, que Christ a racheté
Ceux qui croyent en lui : la Mort leur est passage
De la mort à la vie : & Christ son beau visage,
En fin leur monstrera, quand il viendra juger;
Les meschans desloyaux on verra enrager,
Lors que pour leurs mesfaits orront juste sentence
Des tourmens eternels, sans aucune allegeance;
Mais il prendra à soy tous les saincts & pieux,
Et les fera jouïr du royaume des cieux.

## La vie humaine pend à un filet bien tendre.

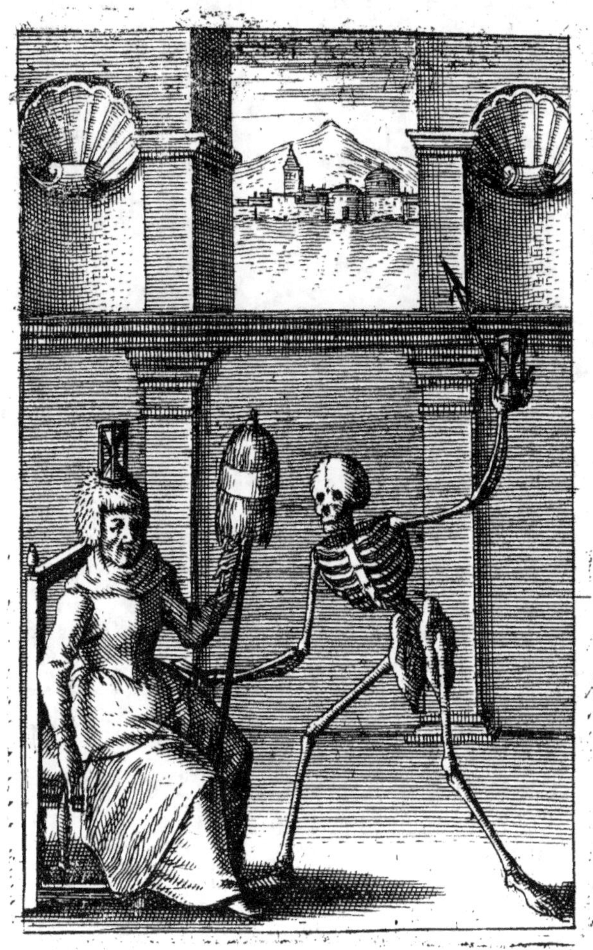

L E fil bien deslié est chose profitable
   Pour la vie de l'homme, il est fort beau à veoir;
   Mais il rompt aisément : ainsi faut il sçavoir,
Que la Mort est à tous humains inevitable.

Declara-

*Declaration de la* L X X I X. *Figure.*

A Insi que le filet a son commencement,
Aussi a il son cours, sa fin pareillement;
Gros, ou bien delié femme ou fille le file,
Il est non seulement beau, mains aussi utile.
L'un s'en sert à orgueil, l'autre à necessité,
L'un en tire profit, & l'autre vanité.
Souvent il sert aux gens de fort belle parure:
On en fait du papier, sur lequel l'escriture
Mainte chose comprend & propose aux humains,
En leur monstrant, comment ils feront de leurs mains
Actes plaisans à Dieu & à eux salutaires:
Sur terre y a beaucoup de choses necessaires;
Mais on ne trouvera rien qui soit si exquis,
Dequoy on use bien, & comme il est requis;
Que le monde pervers maintenant n'en abuse:
Il louë le mauvais, le bon blasme, & refuse.
Nul ne veut desormais sa fin considerer,
Pour apprendre en sa vie à ses faits moderer:
Elle vient neantmoins bien souvent à la haste,
Comme le fil se coupe, ainsi la Mort nous gaste.

Transitoire

## Transitoire & fragile est la vie de l'homme.

T Out ce qui est au monde, en quoy l'homme se fie,
Ressemble à un festu, ou à une vapeur,
Et s'en va vistement comme fait une fleur,
Quand la Mort par son cor, sa fin lui signifie.

*Declara-*

*Declaration de la* L X X X. *Figure.*

O Dieu plein de bonté, appren nous à comprédre
La fin de tous nos jours, fay que puiſſons appré-
Que c'eſt de noſtre vie, & comment on en ſort:  (dre
Nul ne peut eſchaper les fleſches de la Mort:
Riche, pauvre, puiſſant, qui s'eſleve, ou s'abbaiſſe,
Le ſain, le ſage, auſſi l'eſloigné de ſageſſe.
La Mort emporte tout allant en toutes parts,
Porte l'orloge au col, & au carquois des dards:
Car noſtre vie fait incontinent divorce,
Et la Mort nous ravit tout ce qu'avons de force,
Tout ainſi comme un feu ſa fumée jettant,
Elle s'eſvanouït & ſe perd à l'inſtant:
Comme auſſi fait le ſon de la fluſte qui jouë,
S'en va tout auſſi toſt que deſenfle la jouë:
Auſſi void on fleſtrir bien toſt l'herbe des champs,
Et le chaulme ſe rompt en un bien peu de temps.
Il en prend tout ainſi de ceſte noſtre vie;
Parquoy, ô inſenſé, pren garde, & ne t'y fie:
Dequoy ſert la grandeur, les richeſſes, l'argent,
La ſcience, & l'honeur, en ce monde à la gent?
Mais qui humble de cœur, en crainte de Dieu paſſe
Sa vie; un bon threſor d'honeur au ciel s'amaſſe.

X

En

En poids egal se tient des pechés la balance.

ON fauche l'herbe alors quand elle est assez meure,
Ainsi jaçoit que l'homme aye long temps vescu,
Toutesfois en la fin il se trouve vaincu,
Car la Mort fauche tout, tant que rien ne demeure.

*Declara-*

*Declaration de la* L X X X I. *Figure.*

POurce que des pechés la balance est egale,
La Mort s'approche fort & fauche en fin finale:
L'heure s'est escoulée en courant vistement,
Et on verra tantost du bien grand changement.
Parquoy dispose toy à ta fin, il est heure,
Les faucheurs sont sortis au loin, je t'en asseure;
Ils n'espargneront rien; ains ils faucheront tout,
Tant qu'il n'y ait plus rien de l'un à l'autre bout.
Force n'empeschera, n' aucune violence,
Ni du monde l'honeur, ni faveur, ni science,
Non pas mesme l'argent, ni la beauté aussi;
Il ne chaut à la Mort de rien de tout ceci,
Sois en bien asseuré, & de ce fay ton conte:
Donc au Seigneur Jesus ta foy constante monte,
Et regarde à lui seul, laissant les hommes vains,
Ton ame & ton esprit remets entre ses mains.

Ici se void en train la famille du Diable.

L E lion, l'asne, & paon, le bouc, le chien, la truye,
Le crapaud, chascun d'eux a sa proprieté,
Ils ont en eux du bien & de l'iniquité:
Mais l'homme beaucoup plus par peché Dieu ennuye.

*Declar-*

### *Declaration de la* L X X X I I. *Figure.*

LE Diable à grand effort sonne de sa trompette,
Sa famille se vient à lui rendre subjette;
Il l'a voulu avoir pour le partage sien:
Le crapaud venimeux avare lui plaist bien;
La truye qui fouït du groin dedans l'ordure,
A neantmoins tousjours faim, n'ayant nourriture;
Le bouc puant & sale en sa lascivete
Vit; le chien envieux en sa malignité,
Puis le superbe paon se contemple soy mesme,
Ne voulant de ses pieds veoir la laideur extreme;
Le lion furieux destruit tout ce qu'il peut;
Et l'asne paresseux que tout pourrisse veut,
Il retient son vieil train & laschement chemine,
Il ne veut, ni ne peut changer d'asne la mine:
Avec ceux-ci Satan accorde sa chançon,
Et tous ses courtisans ensuivent sa façon,
Beuvans diligemment du peché le breuvage;
Tel est du malheureux monde le chariage.

Contemplés en ceci du monde la charrette.

L'Esprit malicieux, avec grande puissance,
Conduit de tous estats industrieusement
Plusieurs, en leur ostant tout leur sens, tellement
Qu'ils vont sans y penser dans le feu de souffrance.

*Declara-*

*Declaration de la* L X X X I I I. *Figure.*

ICi maint infensé tire avec grand plaifir,
Peu s'en faut qu'un chafcun n'ait de tirer defir:
Quiconque a feulement fon fac plein de monoye,
Bien qu'il foit un pourceau, & que loin fe fourvoye,
Si a il en ce monde autant qu'il veut d'honneur,
Sur tout fi de l'argent eft liberal donneur.
Toutesfois bien fouvent il n'a point de courage,
Le Diable le poffede & conduit fon ouvrage,
En forte que jamais afsés ne peut avoir,
Il fait courir fon char, fans où il va fçavoir:
Car il s'en va avec fa fatanique bande,
Payer de fon mesfait en enfer jufte amende:
De ce fon hofte rit, car c'eft tout ce qu'il veut,
Le Diable pouffe avant le char autant qu'il peut,
Son porte-enfeigne fait voler haut fa banniere,
En fe resjouïffant d'eftre fur la frontiere:
Car il ne fera feul en l'infernal tourment,
Mais a des compagnons qu'il traitte rudement.

L'infer-

L'infernal gehenneur demonstre la figure.

P Ense bien à ceci, ô homme miserable,
   Ne sois plus desormais ni aveugle, ni sourd;
   Croy ceci hardiment, je te le di tout court,
Sans fin est le tourment de l'Enfer effroyable.

Declara-

*Declaration de la* L X X X I V. *Figure.*

HA ! puis que ne voulés ouïr, gent enragée,
Voici Satan qui vient, son armée est rangée:
Il fait voler l'enseigne ayant contentement,
Son glaive tout sanglant monstre superbement,
Qu'il est bourreau cruel: ainsi il se declare.
Pour durement traiter les meschans se prepare,
Par feu, soufre, & par poix, sans user de fagot;
A maint il payera largement son escot,
Se servant à cela de ses chaines obscures,
Pour lier à jamais les pauvres creatures.
Dieu nous vueille garder de l'Eternelle mort!
Amendés vous humains, pour de Dieu le support,
Et pensés maintenant à ce qui se rapporte
Au salut eternel: Dieu en aucune sorte
N'a espargné du tout rien, ne prenant plaisir
A la mort du pecheur: ici avons loisir
De la vie amender, cheminans en sa crainte:
Il faut donc servir Dieu de cœur, & sans contrainte.


Y　　　　La

La file des pechés est ja toute accomplie.

SI de tels compagnons tu tiens ici la route,
　En assemblant peché sur peché tous les jours,
　Suivant ceste chanson, tu feras plusieurs tours;
Mais tu vas en Enfer tout droit, sans point de doute.

Declar.

*Declaration de la* L X X X V. *Figure.*

OR sont tous les pechés à leur comble venus,
Le Diable a achevé sa danse, & retenus
Tous ceux qui l'ont suivi en gentille ordonnance,
Ils sont en bien grand nombre, & de diverse engeance,
Gens d'Eglise & mondains, pauvres & opulens,
Dansent tous d'un accord, & sont equipollens,
Bien que l'un en cestui, & l'autre plaisir prenne
En des autres pechés, ils sont mesure pleine,
Et sautent hardiment, sans en estre distraits,
La mort & l'ennemi vont devant & apres:
Ils sont les menestriers qui jouënt à la danse,
En l'abysme ils vont tous avec correspondance,
Là ils seront punis par la flamme du feu,
Qui jamais ne s'esteind: c'est la fin de leur jeu.

Y 2 En

En attendant le temps les rofes floriront.

QUi fçauroit feulement avoir la patience,
  Mettroit fin à fon fait bien & heureufement:
  L'ordonnance de Dieu tousjours entierement
S'accomplit; à l'encontre il n'y a de fcience.

Decla.

*Declaration de la* LXXXVI. *Figure.*

Dieu a tout ordonné, en sorte que nature
Produit ce qu'il lui plaist, rien n'est paravanture:
Mais tout est en son lieu, & son ordre retient,
Ainsi que Dieu le veut toute chose provient,
Personne ne lui peut de ce faire defendre,
Et à sa volonté franche il nous faut attendre.
O combien est l'Esté aggreable & plaisant,
Auquel l'ame & le corps en joye va disant,        (gence,
Les grands faits du Seigneur, quand l'homme en dili-
Medite les bien faits de la divine essence?
Combien belle est la rose avecques ses couleurs?
Et que jolies sont toutes les autres fleurs?
Elles ne croissent pas pourtant chasque journée;
Mais en un certain temps, que Dieu veut, de l'année.
Il semble qu'en hyver tout espoir soit perdu,        (du:
Quand on void sur les champs presque tout morfon-
Mais quand l'Esté revient, roses de toute sorte,
Le bois qui sembloit sec & rude nous apporte.
Ainsi toute autre chose advient pareillement,
Chascune en sa saison se monstre proprement.
    Atten donques le temps, aye en Dieu esperance,
Il te donra en temps de tout mal delivrance;
Quand il faudra mourir il sera si humain,
Qu'il te consolera, & te tendra la main.

## La reſurrection des morts chaſcun doibt croire.

Au jour du jugement ſa fin prendra le monde,
Les ſainĉts eſcrits de Dieu nous l'enſeignent ainſi,
Les ſepulchres rendront leurs morts, la mer auſſi,
Tous ſe preſenteront au juge qui tout ſonde.

*Declara-*

*Declaration de la* L X X X V I I. *Figure.*

LA trompette de Dieu reſonne maintenant,
Levés vous tous les morts, venés incontinent,
Vos os & voſtre chair ayans pour couverture
La peau qu'aviés jadis, ſelon ſaincte Eſcriture.
Venés vous preſenter au jugement de Dieu,
C'eſt le commandement qu'il vous fait en ce lieu.
Le juge jugera tout en bonne juſtice,
Tant ceux qu'on a ſervi, que qui a fait ſervice:
Car il n'a point d'eſgard n'à faveur, n'a preſens,
Il ne lui chaut de ceux qui des grands ſont faiſans;
Encore moins de ceux qui és armes ſe fient,
Ou qui ont grand butin, & qui s'en glorifient;
Il ne regarde point auſſi aux beaux diſcours,
Qui n'ont rien profité aux temples, ni aux cours.
De ce qui eſt plaiſant à Dieu, & neceſſaire
Au prochain, recevrés maintenant le ſalaire.

Le

Le jugement ensuit la resurrection.

QUand Jesus Christ viendra en sa magnificence,
Comme il l' a declaré, au dernier jugement;
Lors un chascun de lui recevra justement
La du tout peremptoire & derniere sentence.

Declara-

*Declaration de la* LXXXVIII. *Figure.*

VEnés tous les benits de mon pere celeste,
Poſſedés ſon royaume en gloire manifeſte;
Pource que de bon cœur deſiré vous m'avés,
En effect recevrés, depuis qu'eſtes lavés
En mon ſang, tous les biens ſelon voſtre croyance.
Au monde avés porté la croix en patience;
Parquoy approchés vous, & ayés le ſalut,
Que jadis preparer mon pere vous voulut.

    Mais vous, departés vous de moy tout au contraire,
Maudits au feu d'Enfer, pour avoir le ſalaire,
Que par actes meſchans vous avés merité,
Il vous eſt des long temps desja tout appreſté,
Comme pareillement au Diable & à ſes anges;
Vous y ſouffrirés tous des angoiſſes eſtranges:
Vous avés meſprisé tant les pauvres, que Dieu;
Souffrés donc le tourment de la flamme au milieu.

Z　　　CON-

## CONCLVSION.

OR sommes nous venus jusqu'à la fin du livre,
Puisse estre leu de ceux qui le bien veulent suivre,
Quiconque le lira, veuille se moderer,
Et devant qu'en juger, son but considerer.
S'il le fait sans mespris, & volontiers escoute,
Mon dire trouvera vray, sans aucune doute:
Que s'il le trouve faux, qu'il dise *Non* alors:
Il merite autrement d'estre bouté dehors.
On vit communément pour passer la journee:
Tant que plusieurs sont prins de mort inopinee:
Pour ceste cause Dieu souvent aussi permet,
Qu' on tombe en deshoneur pour les maux qu'on
A peine on trouvera nation, tant soit elle     (commet.
Barbare, qu'à son Dieu fust jamais si rebelle,
Comme sont aujourd'huy la pluspart des Chrestiens,
Qui sont plus meschans qu'onc ne furent les payens,
Je vous pri, dites moy, qui a du peché crainte,
Lequel en tous païs a la vogue? Et la saincte
Parole du Seigneur à qui va elle à cœur?
De la dilection vraye où est la vigueur?
Qui aime maintenant le Seigneur sans feintise?
Et qui à son prochain de bien faire s'advise?
Qui est ores celui qui cerche l'equité?
Les fruicts monstrent tresbien qu'on aime iniquité.

Ed

Encore de la foy chascun se glorifie!
Tresfroide est la priere,en Dieu on ne se fie.
Les fruits de l'arbre sont d'orenavant pourris,
Les ruisseaux de la foy s'en vont du tout taris,
Le cœur n'en a plus rien, on se vante de bouche,
Pour en produire fruicts,nul à peu pres n'y **touche.**

   O Seigneur Dieu benin le pauvre endure effort,
Son cœur est esmoy quasi jusqu'à la mort.
Le riche d'icelui du tout ne se soucie,
Mais pour biens amasser tousjours il negocie,
Son cœur,& sa pensee,& son desir est là,
Amour & loyauté ont prins fin pour cela:
Il faut que soit foulee aujourd'huy la justice,
Et le dessus en ont l'orgueil & l'avarice;
Car qui ne s'y addonne est du tout mesprisé,
On le laisse en danger lors qu'il est espuisé.
Or toy,tay t'en tout coy,en laissant à Dieu faire:
Je ne te celeray,croy moy en cest affaire,
L'insolence long temps ainsi ne durera,
Mais l'orgueil &Mammon Satan emportera,
Ta force & tyrannie aura sa recompense,
Ton infidelité te mettra en grand transe.
Puis qu'à peu pres nullui ne se veut amender,
L'Eternel Tout- puissant est prest de commander
A la guerre & famine,& à la pestilence,
Qu'elles destruisent tout avecques violence,

Z 2

La

La mort l'heure monstrant le nous fera sçavoir,
Et alors maint voudroit bien faire son devoir:
Le cruel ennemi desja son feu atise,
Pour du monde brusler toute la convoitise,
Ce sur quoy les meschans se fioyent fierement,
Faisans despit à Dieu & au prochain tourment,
On verra tout cela en peu de temps fin prendre.
Heureux qui son Seigneur Jesus Christ peut entendre,
Et en le cognoissant du mal se destourner,
En suivant la clarté de foy, ci sejourner.

    Humains amendés vous de cœur, il en est heure,
Car la punition de peché ne demeure
Desormais pas fort loin: pecheurs nettoyés vous,
Estans lavés au sang du Seigneur Jesus tous:
Dieu vous avoit creés purs & nets de tout vice,
Il redemande aussi l'homme pur de malice:
Parquoy deportés vous de pecher fierement,
Que si vous l'avés fait, pleurés amerement,
Ayant vostre recours de Jesus au merite,
Quiconque croit en lui, vie eternelle herite.
C'est la raison pourquoy ce livret vous descrit,
Divers pechés ausquels maint homme, qui perit,
Soit il en dignité & qu'il ait grand' chevance,
Ou qu'il soit mesprisé & qu'il souffre indigence,
S'addonne en ceste vie, ayant honte mis bas:
Ici avoir blasmé aucun je ne veux pas.

F    I    N.